死の言葉

word of death

佐藤優

〔企画・構成〕

髭郁彦（ひげ・いくひこ）

１９６１年函館市生まれ。１９９８年ルネ・デカルト＝パリ第５大学人間科学学部言語学専攻修了。パリ第５大学言語学博士。現在、中央大学、東洋大学講師。専門領域は言語学、記号学。主な著書は以下の通り。

Dialogue, interprétation et mouvement discursif (2 vols.), Presses universitaires du Septentrion, 2001

『多言語多文化学習のすすめ：世界と直接対話するために』（共著）、朝日出版社

『フランス語学概論：Introduction à la linguistique française』（共著）、駿河台出版社

『フランス語学小事典』（共著）、駿河台出版

『超釈日本文学の言葉：名言名句辞典』（共著）、学研

はじめに

死生観は刷り込みで決まる

先人たちの「死」を巡る言葉に込められた様々な死生観を紹介することを、本書は企図しています。時代や場所、文化の異なる人たちの多様な言葉を集めたこともあり、なかには私の死生観と相いれないものも含まれていますが、多面的に死の本質を読者の方々に紹介するために、あえてそのような言葉も取り上げています。

人間のものの見方や考え方は、コンラート・ローレンツが『ソロモンの指輪[*1]』で述べているように、鳥の刷り込みと同じく、最初に見たものを自分にとって最も大事なものと思う傾向があり、そのため最初に知った世界観的な思想の枠組みから結局一生抜け出せません。その思想の枠組みは、ある人には仏教であったり、キリスト教だったり、他の宗教だったり、唯物論だったりします。例えば日本共産党を離れて保守の側に行った渡邉恒雄さん（現・読売新聞グループ本社主筆）のような人も、考え方は共産党流の前衛主義で、

＊1『ソロモンの指輪』コンラート・ロレンツ、日高俊雄他訳、ハヤカワ文庫

マルクス・レーニン主義的な思考から抜けられません。死生観もそういうもので、刷り込みは重要になるのです。

私の死生観は、キリスト教的な刷り込みが子供の頃からなされているので、独自性はほとんどありません。ごく標準的なプロテスタント・カルバン派の死生観です。すなわち、命というものは神様から預かったもので、自分の所有物ではない。だから、その処理権にも限界があり、借りているものを壊してはいけないので、自殺もできない。そして、生まれるよりもはるか昔からいつ死ぬかも決まっている。それはわれわれ人間の限られた知恵では考えられないもので、だから命を神に預かってもらっているその期間を最大限大切に使っていく……。もちろん、病気や事故などで命が縮まることもあります。それでも、それを含めて生まれる前からいつ死ぬかは決まっているのです。したがって、病気などで死にそうだと思っても、それを生き抜けたというのは、何かこの世の中でやらないといけないことがあるから、預かっている命の期間を神が延ばしてくれたと考えます。

例えば、２０２３年に私は腎臓移植手術をして、手術は無事成功したのですが、その後たまたま菌血症（悪化すると敗血症になって命にかかわる）になって退院が二日ほど延びました。そして、その期間に腸閉塞になってしまったのです。幸い入院中でしたので、すぐに開腹手術ができて事なきを得ましたが、もしもあのまま血液が細菌に侵されずに退院していたら、手遅れになって自宅で死んでいたかもしれません。これは、私にまだやらなければならない使命が残っているという神からのメッセージだと思いました。

親ガチャから受けた恩恵を隣人に返す

キリスト教徒は、死んだ後はいったん肉体も魂も滅びると考えます。肉体も魂も滅んで眠っているような状態になるのです。そして、それが復活して、肉体も魂も審判を受けて、さらに生き残った後に永遠の命を得るという考え方です。私の場合、それが刷り込まれているから、全く死は怖くありません。これはごくふつうのキリスト教（特にプロテスタント・カルバン派）の考え方と言っていいです。

最後の審判はキリストが行います。その基準は、生きていた時にいいことをしたとか悪いことをしたなどは関係ありません。人間から見れば、まったく恣意的な基準です。しかも、その審判の結果も生まれる前から決まっていますが、人はそれを全然知ることはできません。それでも、もし審判で自分が生き残るのだったら、この世においても基本的な使命が与えられ、それをまっとうしていたことになります。つまり、結果から逆算して、自分の人生がどのようなものだったかを推定するしかないのです。

そうすると、近年話題になった「親ガチャ」の問題が全然違って見えてきます。親ガチャとは、生んでくれた親の環境によって子供の成育状況や将来が違ってくることです。そうすると、銀の匙をくわえて生まれた人、すなわちＳＳＲ（スーパースペシャルレア）確定ガチャを引いて、人生で成功した人というのは、自分の努力でそうなったのではないということになります。神様から究極的な親ガチャをもらったから、成功したのです。

では、よい親ガチャをもらったならば、どうしなければいけないでしょう。もらった恩恵は誰の所有物でしょうか。それは神様の所有物です。そして、神はその恩恵を自分で独占するのではなく、隣人に返せと言っているわけです。だから、成功した人間、富を持っている人間は、自分の力で得たものではないから、神からの恩恵は隣人に返すのは当たり前で、見返りを求めてはいけません。よって究極的・理想的な世界は、われわれから考えると「贈与の連鎖」の世界です。自分の持っているものを人にあげる。

人が「これをあげるよ」と言って、自分が欲しいものがあったら、遠慮しないでもらう。そういう連鎖の世界というのが、キリスト教的価値観に基づく理想的な世界なのです。

キリスト教と資本主義

しかし、キリスト教の考え方は根本的に資本主義と対立しています。贈与と交換を超えて、生産・貯蓄に邁進する資本主義とは相いれません。富んでいる人がそれを全部自分で囲うという思想は、近代資本主義と共に生まれてきたものです。したがって、資本主義システムはキリスト教的な価値観とは基本的に合致しませんが、資本主義的なシステムの中でキリスト教徒はそれなりの生き方ができないかといったら、それは可能です。中世でもキリスト教は体制と折り合いをつけることができていました。資本主義社会とも上手に付き合っていくことができるのです。

そうすると、今非常に重要なのは、再分配ということになります。ただ、国家の再分配に関しては、今の日本でも最高税率は45パーセント、住民税は10パーセントです。さらに復興税が2パーセントあります。これですでに57パーセントです。しかも、私のような個人事業主の作家だったら、預かり金として扱われる消費税が10パーセントありますから、例えば出版社から10万円振り込まれたら、私の手元には3万３０００円しか残りません。しかし、ではその分の取られた税金というのを国家がフェアに分配してくれているかというと、そういう感じはしません。けれども、それで自分に3万３０００円があって、食べるために1万円必要だったら、残りの2万３０００円は世の中の役に立つことに使わないといけないという発想になります。

　つまり死生観というのは、こうした発想と結びついてくるのです。

生きている以上は、生きているということに何らかの意味があって自分の使命があるから、その使命をまっとうする。つまり、資本主義社会で経済的に何かを得られたら、自分で必要な分以外はどうやって社会に還元するかということを考える。このような発想がプロテスタントと資本主義が合致した考え方です。

　ちなみに、マックス・ヴェーバーの『プロテスタンティズムと資本主義の倫理[*2]』では、資本が再分配にいくのではなくて、蓄積にいくと書かれています。これは資本家の側からプロテスタントと資本主義を合体させたものです。だから、マックス・ヴェーバー的思想

*2『プロスタンティズムと資本主義の倫理』マックス・ウェーバー、大塚久雄訳、岩波文庫

だったら、蓄積して投資に向けないと意味がないわけです。努力が足りない人に富を分け与えても意味がない、そのような人は淘汰されればよいということになります。あるいは、野良猫を助ける運動にお金を出すということよりも蓄積と投資をして、よりお金を増やした方が、社会に貢献できるということになります。

したがって、チャリティとか、社会福祉というものは全部資本主義にとって阻害要因になってしまいます。だから、『プロテスタンティズムと資本主義の倫理』は、あくまでも資本家の都合の良いように、プロテスタンティズムの倫理と人間中心的な宗教観というモデルを利用しただけなのです。

さらに目を転じると、イスラム教では「喜捨」、つまり、富める人が貧しい人に贈与することが信仰義務になっています。しかし、キリスト教が生産の論理が非常に強いのに対して、コーランには生産の論理がありません。キリスト教は土を耕して「産めよ増やせよ」と旧約聖書から始まって、農民的な世界観が入っているのに対して、コーランは基本的に商人的な世界観なのです。ですから、イスラム教にはその意味では資本主義と相性のよい部分もあります。その一方で、キリスト教は遊牧民と共に定住した農耕民の価値観が合わさってできているのです。つまり農業社会の思想を反映しているから、生産の哲学があるのです。

その代わり、生産の哲学があるために、地球生態系を壊してしまう方向にキリスト教は行きやすいので、歯止めの論理がないといけません。例えば今まで全ての動植物とか被造物というのをわれわれは「支配」できると、『旧約聖書』の「創世記[*3]」を根拠に考えて来ましたが、最近では「管理」という形に変わってきています。支配から管理に変えることによって、環境破壊に歯止めがかかるようになります。それは、マンションの管理人が勝手に自分が管理している施設に変更を加えることができないのと同じです。あくまで、自然環境に対する干渉を限定的なものにする。そういう解釈の変更をしています。このように、キリスト教徒の死生観というのは、その意味では非常にベタなものです。全然そこには特徴はありません。みんなと一緒なのです。

また、キリスト教的な死生観においては、使命感はものすごく重要になってきます。使命感は個人の能力や適性により変わってきます。足の速い人もいれば記憶力のいい人、手先の器用な人もいて、適性と社会的必要性が絡んできます。だから、自分の好きなことだ

*3『創世記（旧約聖書）』関根正雄訳、岩波文庫

けやっていればいいということにはならないのです。例えば、適性と技術、才能がないのに自分は陶芸が好きだから壺だけ作って生きていきます、声優にあこがれているから声優の仕事しかやりませんというように、みんなが好きなことばかりをやったら大変なことになります。

私の場合を考えると、何を使命にするかは、置かれた環境によって変化していると思います。学生時代は勉強することが使命だと思っていました。だから、真面目に勉強しましたし、学生運動もやりました。外交官になったら日本の国益を増進するのが自分に与えられた使命だと思いましたし、作家になってからは自分の経験を世の中に伝えていくことが非常に必要だと思いました。やはり自分の信念なり使命というのは、ウクライナ戦争のようなことがあっても、戦争を煽ることに反対して、平和に向けて動いていくことだと思っています。

生死について考えない現代人

死生観について改めて言うと、現代人の多くは仕事や人間関係、家族やお金の問題など、様々なプレッシャーにさらされて疲れ過ぎているので、「死」についてゆっくりと向き合う気力が枯渇していると思います。例えば、最近だとX（旧ツイッター）で凄まじい反響を呼んだ麻布競馬場さんが書いた『この部屋から東京タワーは永遠に見えない[*4]』という小説の中に出てくる死生観はニヒリズムの世界です。20のショートストーリーに出てくる登場人物の多くは高学歴で、収入も決して悪くない人たちですが、心の中は孤独と空白と虚無と諦念に彩られています。この小説がXでバズったのは、現代を生きる日本人の多くがそういったメンタリティーを抱えているからではないでしょうか。そして、そういった人たちはニヒリズムに身を任せて、生と死について深く考えることから逃げて、刹那的に生きているわけです。

しかし、いつまでもそれでは済まされないでしょう。いざ大病になったときとか、いざ高齢になって、そろそろ死が迫ってきたときに、死と真剣に向き合ったことのない人は大パニックを起こします。

本書の目的には、そういった大パニックをみんなが起こさないように、とくに若い人たちへの死の訓練（同時に生の訓練でもありますが）になることも含まれています。

*4『この部屋から東京タワーは永遠に見えない』麻布競馬場、集英社

しかしながら、死の訓練には非常に危険な側面があります。例えば戦前の京都大学で大活躍した京都学派第一世代の田邊元《はじめ》。彼のベストセラーの『歴史的現実*5』は、要するに今は三次元戦争*6の時代であり、それゆえ戦場に赴く兵士も、日常的に生活している場所に留まる人も、みんな等しく空襲にさらされていると説いた本です。

しかし、ここに大きなトリックがあります。まず前線で人を殺しにいくのと、受動的に空爆を受けてそれで逃げ回るのとでは、意味合いが違うはずです。しかし、田邊の論理によると、人の命というのは、戦場にいても、後方にいても、三次元戦争の時代では一緒で誰だっていつだって死ぬ可能性がある。ということは、無駄に長生きしても意味がなく、個々人の生命は有限であるというところからは逃れられない。ならば、いかに生きるかということが重要になる……。

ここでまた大きな論理的飛躍があります。田邊は悠久の大義のために死ねば永遠に生きることになるというのです。要するに「国のために死ね」ということです。これを特攻隊にいく人や、学徒出陣に行く人たちが読んで感化され、実際に戦場で命を落とすわけです。

こうして田邊は多くの若者を結果的に戦地に送ることになりましたが、彼は頭がいい人

*5『歴史的現実』田辺元、黒田寛一編集、こぶし文庫
*6 航空機による無差別攻撃を用いた究極の戦争形態を指す。元々は石原莞爾の『世界最終戦論』で言及された

でしたから、１９４４年の終わりくらいになると、「懺悔道」の研究を始めます。そして１９４５年３月に京都大学を退官後、軽井沢に移住します。これは卑劣です。何故かというと第二次世界大戦中、連合軍から絶対に空爆されない場所は二カ所だけあったからです。それが軽井沢と箱根。軽井沢はスイスやスウェーデンの公使館が疎開していましたし、箱根にはソ連大使館が疎開していました。そこは国際法上絶対に攻撃されない場所です。若者を死地に追いやって、自分だけそんな安全地帯に逃げてはいけません。それは特攻を命じた上官が戦後自分だけ生き残ったのと同じことです。

バブル崩壊後も軽井沢と箱根だけは高級リゾート地として残っています。それはあの時代に日本の国際法を知っているエリートや高級官僚や在外官僚たちがみんな家族を軽井沢や箱根に逃がしたので、そのインフラがずっと残って、金持ちたちの住む場所として再開発されているからです。その後、他のリゾート地がどんどん生まれますが、バブルが崩壊して消えた所も数多くあります。しかし、箱根と軽井沢は今後も残り続けるでしょう。

戦後、田邊は『懺悔道としての哲学[*7]』という、「よく考えたら私は間違えていました」という趣旨の本を書き、それが戦後の大ベストセラーになりました。戦地で死んでいった

＊7『懺悔道としての哲学—田辺元哲学選Ⅱ』田辺元、藤田正勝編集、岩波文庫

若者たちにとっては、なんとも許しがたい裏切りのように思えるかもしれませんが、このエピソードからわれわれが学べるのは、死の訓練はそのような悪用もできるということです。

人間は表象能力*8を持つ動物だから、いろいろなイメージ操作によって洗脳もできてしまいます。だから、生死について考えるということは、やり方を間違えると大変危ないところに人々を持っていってしまいます。

生死に関してはそうした悪用の危険性があるということをきちんと踏まえた上で考え、訓練していかなければなりません。そうしないと、例えば病気になったときにパニックを起こしてインチキな民間療法やうさんくさい宗教にすがったり、あるいは代替療法に走り回ってエビデンスがあるか判らないものに大金を使ったりしてしまうなど、パニックに陥る人がたくさん出てきてしまいます。もっと有効な科学的で豊富な臨床データに裏打ちされた治療方法があるにもかかわらずです。幸い私は病気になったとき、そのような大金を使うなどということはしませんでした。それは私には確固たる死生観があったからです。

*8 目の前にないものをイメージする能力

他者の命を考えた上で生きる――死生観を社会的に捉える意味

　ところで、現在の私は太っているのでダイエットをしたいという思いがありますが、今ダイエットのためにすごくいいものがあります。ＧＬＰ－１という薬でインシュリンを多く出し、血糖値を下げるので、２型の糖尿病の人にとっては非常に重要な薬です。ところが、今大学病院でも手に入りにくくなっています。それはこの薬のほとんどが美容クリニックに流れているからです。ダイエットで高いお金を出して病人でない人が買ってしまうと、２型糖尿病の重い人、その注射があれば助かる人の命を奪ってしまうことになるわけです。こういう死に関する具体的な事象を知ることも、生死について考えるときにはすごく重要になってきます（Ｐ２２８「孔子」の項を参照）。

　ダンテの『神曲』を見ると、キリスト教の七つの大罪の中でも「大食い（暴食）」がとても重い罪になっています。大食いだけで地獄に落ちます。それは食料がギリギリで回っている時代に大食いをするということが、他の人を飢えさせるということになるからです。今それが薬で生じています。つまり、死生観をきちんと持つのでしたら、ダイエットや肥満対策用に糖尿病用の薬を使えば糖尿病の重い患者の人たちの命を奪う可能性もある、ということに、考えが及んでほしいのです。自分の生死だけではなくて、他人の生死にも目を向けることが必要です。自分のやっていることは、人の命を縮めているのではないか、と思い及ぶことが大切になるのです。

また、今われわれの世代が資源を使い切ってしまうと、未来に生まれてくる人たちのエネルギーがなくなってしまいます。だから、未来の人の命も考えないといけません。国債だってそうです。国債は返還にあたる未来の人たちと約束していません。しかし、まだ生まれていない人たちにも、借金を背負わせることになるわけです。そういうことをしていいのかということも、実は死生観とすごく関係しています。死生観というものを、みんな狭く、自分の命ということだけで捉えてしまいがちですが、他者を含めて社会的に捉えないといけないのです。

他方、社会的に捉えた場合は、「国のために死ね」という方向に走ってしまうことがあります。例えば終末期医療において社会保険でどれだけのお金が使われているか。そこを指摘して、終末期医療での透析を辞退しろといった発言も出てくるわけです。こうした問題にはやはりきちんとした価値観が必要です。それらを併せての死生観なのです。

しかし、われわれが現在の時点でいろいろなことを考えようと思っても、だいたいのことが、かつて誰かが考えていたこと、過去の誰かがやっていたことだと気づきます。したがって、本書のような語録が重要になります。生死についても人間の生き方についても、過去の人たちが考えていることを再解釈していくということがとても大切なのです。

確かにテキストをふつうに読んでいるときに、そのテキストの時代背景やその文脈を踏まえず、言葉の一部だけを抜き出して解釈するのはよくないという考え方もあります。しかし、私はそれは必ずしも正しくないと思っています。やはり一種のランダムなアクセスをして、古典の中からある意味恣意的に、そして現代の文脈で読むというのは「あり」だと思います。深い知識の地下水脈においては、過去の人たちと何か繋がっている部分があると考えているからです。

本書のような語録をつくって、それに解説を加えていくというのは、とても意義のある方法だと思っています。この本には古今東西の死生観を巡る言葉がランダムに並んでいますが、読者の皆様には様々な視点からそれらを解釈することを切望します。たとえ自分の死生観と異なるものだとしても、それを知ることは死に対する思索を深めることに役立つはずです。

本書が「死」を巡る様々な知見を学ぶ一助になることを、心から願っています。

佐藤 優

目次

第2章　死を知って生きる

第3章

死を受け入れる

第4章 死の周辺を巡る考察

※言葉の太字は編集によるものです。

第1章

死を乗り越える

神は
死んだ。

『ツァラトゥストラはこう言った』より

暗闇の中を孤独にさまよい歩く人間

近代西洋思想の中心理論であるデカルト的合理主義[*1]は、19世紀の中盤から強く批判されるようになりました。確固とした自己を持つ自由な主体による国家の設立を通して、人間は進歩し続けていくという確信は、不安の時代の到来によって大きく揺らいでいきます。デカルトやその後を継いだドイツ観念論の哲学者たちが最重要視した理性という概念は、啓蒙主義を基盤とした西洋市民社会の根本原理となっていったのですが、その根本原理である理性が歴史の進行と共に徐々に蝕まれていきました。その原因としては、資本主義の発展や、絶対主義王制から植民地主義への展開、科学技術の進歩による戦争の残虐化といった出来事が関係しましたが、こうした出来事はロマン主義[*2]的変遷を通過した後、最終的には確固とした理性を持つ善なる人間観ではなく、不安定で、重苦しい内面に苦しむ暗闇を内包する孤

フリードリヒ・ニーチェ／1844-1900年（没年55歳）

19世紀後半のドイツ（プロイセン王国）出身の思想家。「永劫回帰」や「力への意志」、「超人」、「ルサンチマン」など独特な概念を生み出し、後のハイデガーやポスト構造主義に影響を与えた。主な著書に『悲劇の誕生』、『善悪の彼岸』、『人間的な、あまりにも人間的な』などがある。

*1 物事を理性的に認識し、合理的に生きようとする態度
*2 18世紀ヨーロッパに興った芸術・思想上の運動。啓蒙主義や合理主義への反発により起こった。個人の主観を尊重し、人間の情緒的な側面を重視した

独な人間観を生み出していきました。

ニーチェの「神は死んだ[*3]」という言葉はキリスト教的な秩序の崩壊を意味すると共に、神の定めた合理性の光の消滅も意味しています。合理性の光を失った人間は、暗闇の中を孤独にさまよい歩く存在者となってしまいます。それゆえ、神の死は合理的調和世界の終焉も意味しました。

神の死を乗り越える超人

ニーチェによる神の死の宣言と共に、西洋合理主義の基盤は崩壊していきました。もはや従うべき規律はなくなっていたために、自らが進むべき道を決定しなければなりません。そこで登場するのが「超人」です。ニーチェの語る超人は神という絶対的真理に受動的に従う人間を拒否して、より強くより大きくなろうとする「力への意志」を持った強固な存在です。超人はキリスト教の神が約束する死による平穏を拒否して、永劫回帰によって繰り返される生の力の発露である永遠を求めます。そこにおいては、死は救いではありません。死などを求めても生の力に溢れた永遠は掴めないからです。

*3 この言葉は『ツァラトゥストラはこう言った』でも言及されているが、元々は『喜ばしき知恵』（村井則夫訳、河出文庫）で述べられたものである

しかし、こうした思想は強者のみが所有し得るもので、弱者は強者のために犠牲になるものでしかないという考えを生み出すものではないでしょうか。歴史的流れを見るならば、ニーチェ主義はナチズムの一つの大きな源泉となった事実があります。

ニーチェはナチズムのような体制を望んだとは思いませんが、世界に破局的な戦争をもたらし、ユダヤ人に対するジェノサイドを行ったアドルフ・ヒトラーはニーチェ思想を自らの考えを正当化するための根拠の一つとしていました。超人思想は一部の強者のためには有用な考え方となるかもしれませんが、数多くの弱者にとっては破滅を強いる思想となります。

死によって天国に導かれ、永久の平安を得られるというキリスト教の神の教えは、ニーチェ主義の下では完全に意味のないものとされてしまいます。弱肉強食の原理が人間の世界に導入されるとき、弱者は救い主である神を失い、死を待つだけの存在となってしまうのです。

ニヒリズムと隣人愛と死

ニーチェの思想を全面的に肯定すると、絶対的な価値というものはなくなります。正しいものがないのであれば、何をしてもよく、**死というものを全く考慮せずに生きていく**ことが可能になります。これが現代の日本社会を覆っているニヒリズム（虚無主義）の考え方です。

例えば「2ちゃんねる」の開設者の一人である、ひろゆき（西村博之）氏はベストセラー『1％の努力[*4]』で、「人間は死ねば結局無になるだけだから、面白く楽しく生きていればいい」といった趣旨の発言をしています。こうしたニヒリズム思想においては、死は徹底的に遠ざけられ、死を直視しないようになります（死を超越するためには前述したように、強靭な意志を持つ「超人」になる必要がありますが、普通の人間には不可能です）。

しかし、人間には必ず死が訪れます。

生の絶頂期には死などを考える必要などはないとしても、自らの死が近づいている時には、**どうしても死と向き合わざるを得なくなります**。その時、どうすべきか。それが大き

*4『1％の努力』ひろゆき、ダイヤモンド社

な問題となります。

私はキリスト教徒ですので、生命は神から与えられ、人間はそれを預かっているものであるという立場を取っています。つまり、生命は神のために使わなければいけないものです。しかし、ダイレクトに神のために使うことができないために、隣人のために使うのだというのがキリスト教の教えです。このように隣人のために生きていくことを決意することによって、生というものが見えてくると同時に、死というものも直視できるのではないでしょうか。

まとめ

❖ニーチェの思想を極致化すると、絶対的な価値というものがなくなり、死を全く考慮せずに刹那的に生きていくこと（＝ニヒリズム）が可能になる。

❖ニヒリズムの中で生きていても、人間はどうしてもいつかは死と向き合わざるを得なくなる。

死して不朽の見込みあらば
いつでも死ぬべし。
生きて大業の見込みあらば
いつでも生くべし。

明治維新の志士・高杉晋作に松陰が宛てた手紙の一節より

忠国の士としての生と死

旧長州藩士であった吉田松陰は、明治維新の礎を築いた偉人として語られることが多い人物です。明治期の国家イデオロギーは、彼の考えに依拠している部分が大きいからです。吉田松陰の思想の中核にあるものは「大和魂」です。この言葉は今でもしばしば耳にしますが、これを重視した最初の思想家の一人は、江戸時代中期の国学者である本居宣長です。宣長は『古事記』への回帰と、日本が天皇を中心としたレジーム（体制）を持つことを強調しました。この考え方は武士階級だけでなく、識字率の高かった当時の日本においては、学問を積んだ町人や豪農階級の人々にも広まっていきました。

以上のことから、吉田松陰の思想は宣長を源流とするイデオロギー的流れの発展形態として位置づけられます。彼が処刑前に書いた遺書でもある『留魂録*』には、「かくすれば／かくなるものと

吉田松陰／1830-1859年（没年29歳）

江戸時代後期の思想家・教育者。24歳の時に黒船に乗って外国に渡ろうとするが失敗する。その後、尊王攘夷論を唱え、長州藩内にあった松下村塾で、高杉晋作、伊藤博文、久坂玄瑞などを教え、彼の弟子の多くは明治政府樹立に貢献した。本人は維新を見ることなく、時の老中の暗殺を計画した罪によって、江戸伝馬町牢屋敷で刑死している。

*『留魂録』古川薫全訳注、講談社学術文庫

知りながら／やむにやまれぬ大和魂」と記されていますが、ここにもやはり「大和魂」という言葉が登場しています。この松陰の語った「大和魂」という言葉を現代風に解釈すれば、「愛国心」や「祖国愛」となります。松陰が生きていたのはまだ江戸時代の日本であって、近代国民国家成立以降の国家レジームとはまったく異なっていますが、彼の中にはすでに近代国家的な統一体である日本が想定されていたと考えられます。

植民地主義時代の日本

松陰のこの思想が何故形成されたかという問題を考えるためには、先ず、当時の国際情勢を見ていく必要性があります。この頃、世界は帝国主義時代に突入し、欧米列強諸国がアジアやアフリカの多くの国々を植民地化していました。そして、大国と思われた清がアヘン戦争でヨーロッパ列強国に敗れ、領土を失っていった状況を、日本の一部の権力者や知識人は知っていました。だから、鎖国状態を維持していては日本もいつか植民地化されてしまうという焦りを松陰は覚えたのです。松陰は世界をもっと知るためにアメリカの軍艦に乗って、当時は大罪だった海外渡航を行おうとさえしますが、それ程の緊急性を感じていたのだろうと思われます。

日本に危険が迫っている中、松陰は「一君万民論」と「草莽崛起《そうもうくっき》」という考え方を提唱しました。最初の言葉は天皇という唯一の君主を中心として、他の人々は皆平等だという理念を示したもので、二番目は民衆が皆で立ち上がって旧時代の政治レジームを覆すという理念を示しています。松陰のこうした考え方は、倒幕から明治維新への移行期に非常に多くの支持者を集めました。

日本型ナショナリズムの高揚の原動力

確かに松陰の考えは新しい時代を切り開いて行くために必要な思想でしたが、倒幕後に近代国家として成立した明治政府の**国家ナショナリズムへの道筋を作ってしまった**という点では大きな問題を残すものでした。天皇のために命を投げ出すことが絶対正義とされ、太平洋戦争で日本が壊滅的な状態になる原因を作った生みの親の一人が吉田松陰であるという捉え方もできるのです。

「一君万民論」にしろ、「草莽崛起」にしろ一歩間違えれば、天皇のために死ぬことが大義となってしまいます。太平洋戦争中は実際に、そういった考えに従って多くの兵士が死んでいきました。

このように見て行けば、掲載した言葉は日本型ナショナリズムの高揚に強く作用したと言うことができます。国家第一主義がヒロイズム（英雄主義）を伴い、至上命題となって兵士一人一人に植え付けられ、彼らの命が軽んじられていったことを考えれば、吉田松陰の思想が近代日本国家の礎となったという側面とはまったく別の負の因子を内包していたと言えるでしょう。

個人の主体を軽視した松陰

松陰の思想には、国家や天皇という大きなものを個人の自由や権利といったものの上位に置くという傾向があります。大義のためならば、喜んで兵士になり、国家が命じれば、名誉の戦死も厭わない人間を造り上げるナショナリズムというイデオロギーが大きく反映されているのです。

一方、西洋の近代化は帝国主義を生み出しましたが、その反面でデカルトの「われ思う故にわれあり（Cogito ergo sum）」という言葉に代表される確固とした個人的主体の重要性を強調しました。それに対して、**日本の近代化にはこうした個人の主体を重視するという方向性がなく、**国家の中心性だけが大きく取り扱われました。この傾向は、松陰の思想の中にすでに現れていたものでした。松陰の思想からは危険なファシズムの匂いが感じ取れるのです。死という問題に対しても、掲出の言葉にあるように、個人の死の尊厳が語られることはなく、天皇を中核とした国家という大きな体制が全面的に押し出され、生きるにせよ、死ぬにせよ、個人はそのための駒のように見られています。神風特攻隊に象徴される旧日本軍の兵士の姿は、松陰思想のこうした傾向の典型例であったと言えます。

まとめ

❖国を思い、国を正しい道に導くことが吉田松陰の強く望んだことであった。そのためには死をも厭わなかったが、そうした考えは日本型ファシズムの基盤ともなったという負の側面も持っていた。

❖国家のためには個人は小さなものであるというナショナリズムを、松陰の思想は内包している。

死と同じように
避けられない
ことがあるんだ。
それは生きることさ。

『ライムライト』（映画・1952年）より

ヒューマニズム的勇気

人間は死すべき存在です。それは避けられない事実ですが、それゆえに**人生は無駄であり、意味がないと考えて、生きることを放棄してはいけない。**何故なら生きることもまた避けられないわれわれ人間の定めだからである……。

このことをチャップリンが演じる老喜劇役者のカルヴェロは、足が動かなくなり、自殺しようとした若きバレリーナのテリーに語り聞かせます。掲載した言葉は、チャップリンの人生哲学であるヒューマニズム（人道主義）の精神が如実に表れた言葉です。

チャップリンの描いたヒューマニズム的な作品群は、われわれに生きる勇気を与えてくれます。それに加えて、どこかもの悲しい側面もあり、それが彼の映画の魅力となっています。『ライムライト』もそうした作品の一つと言えます。

チャールズ・チャップリン／1889-1977年（没年88歳）

イギリスの映画監督・脚本家・俳優。劇団員であったが、映画界に進出し、成功を収める。その後アメリカに渡り、映画監督・俳優として、ハリウッドで活躍。ペーソスのある人間味溢れる作品は有名。代表的映画作品として、『キッド』、『モダン・タイムス』、『独裁者』、『殺人狂時代』などがある。

権力への抵抗

チャップリンの映画のもう一つの大きな特徴は、権力への抵抗姿勢がはっきりと表れている点です。第二次世界大戦前のチャップリンの生きた時代は、多くの国々でファシズムが跋扈《ばっこ》した暴力の時代です。そして、その結果大戦が起こり、大戦後も穏やかで平和な時代は訪れず、米ソを中心とした東西冷戦時代が到来します。こうした時代背景の下で、彼の映画は制作されました。『モダン・タイムス（１９３６年）』では機械に支配されていく人間を生み出す資本主義体制を告発し、『独裁者（１９４０年）』ではヒトラーのファシズム政権を痛烈に批判しましたが、その声は時代性ゆえに、多くの観客に強く訴えかけるものでした。

老いと死

『ライムライト』に戻りましょう。この映画の中で語られている大きな問題の一つに「老いと死」があります。主人公の一人、喜劇役者のカルヴェロは50歳を過ぎた独り身の男です。かつては名優と言われていましたが、今は落ちぶれて、酒浸りの毎日を送っていました。人生の後半で、栄光の座から転落した老人の姿はみじめなものです。生きる意味を失い、ただ死に向かって生きている。それがカルヴェロの姿でした。

16世紀フランスのモラリストであるモンテーニュは、「老いは私の顔にではなく、心に多くの皺を刻むものだ[*1]」と述べていますが、カルヴェロも、彼の顔にではなく、心に深い不幸な皺が何本も刻まれていました。その刻まれた心の皺をどうすることもできずに、毎日酒を飲み続け、時間だけが死の方向に向かって過ぎて行きますが、それをどうすることもできませんでした。

そんな彼の生活が、若きバレリーナであるテリーの自殺未遂を助けたことによって大きく変わっていきます。テリーを元気づけるために、彼女が生きる希望を再び見出せるように、カルヴェロは様々な話をするだけでなく、生活費を稼ぐために、もう二度と立たないと誓っていた舞台に立とうともします。テリーを助けようとした彼は、彼自身の希望も見出したのです。

＊1『エセー』モンテーニュ、原二郎訳、岩波文庫

幸福とペーソス

『ライムライト』の中で、最期まで生き抜こうとする決意は、他者との関係を築いた時に到来しました。人間は独りではどうにもならない事柄でも、他者と一緒ならば解決可能になることが多々あります。そのことをカルヴェロはテリーと二人で暮らす中で、見出すことができたのです。アメリカの発達心理学者ジェローム・ブルーナーは、われわれがよく「助け船（scaffolding）を出す」と言っている事柄が子供を成長させるために如何に重要であるかという点を強調しました[*2]。しかし、この「助け船を出す」という行為は、大人が子供に行うだけのものではありません。人生の色々な場面で、誰かを助けたいと思った時に行われるものです。

この映画の中で、カルヴェロはテリーを助けます。その行為は精神的な問題で動かなくなったテリーの足を動かすということを可能にし、彼女をバレリーナとして蘇らせます。**他者の助けによって絶対に不可能であると思われた事柄が可能になった**のです。それだけではありません。希望を失っていたカルヴェロ自身にも、再び喜劇役者として舞台に立つ

*2『可能世界の心理』ジェローム・ブルーナー、田中一彦訳、みすず書房
なお、scaffoldingは出典では「足場」と訳されているが、本書では「助け船」と意訳した

という希望の光を灯したのです。つまり、他者を助けることによって、カルヴェロ自身が自らを助けることにもなったのです。

しかし、この映画はハッピーエンドでは終わりません。喜劇役者としての最後の舞台のフィナーレで、大観衆はカルヴェロに割れんばかりの拍手をおくります。そして、舞台の最後に登場したテリーの素晴らしいダンスを観ながら、彼は人生の幕を閉ざすのです。この映画はハッピーエンドでは終わらないことによって、われわれの心に深く刻まれていくように思われます。幸福とペーソス、生と死とが二重写しになった物語。『ライムライト』はチャップリンの映画哲学が見事に反映された作品と言えるでしょう。

まとめ

❖生を引き受けることによって、死への逃避を乗り越えることが可能となる。また、他者を助けることによって不可能と思われた事柄が可能となる。

❖チャップリンの映画の大きなテーマは、ヒューマニズム的勇気を示すことである。こうした勇気が人生に希望を与え、困難な事柄を克服する力となってくれる。

私たちは**死**を**恐**れ、
死を**愛**するために
生きているのよ。

まさに**死**を**恐**れながら、
愛するからこそ、
この取るに足らない**人生**も、
ときには、しばらく**美**しく
輝くことがあるのよ。

『荒野のおおかみ』より

反時代的精神

１９２７年に書かれた『荒野のおおかみ』の主人公であるハリー・ハラーは、この小説の作者であるヘルマン・ヘッセの分身的な役割を担っていると言われています。ヘッセは第一次世界大戦に反対して平和主義の思想を貫きましたが、そうした彼の態度は反愛国的であると見做され、ドイツ国内で激しく批判されました。さらに、戦争が終わっても、平和で穏やかな時代は来ませんでした。ドイツではヒトラーが率いるナチスによるファシズム政権が誕生し、暴力と戦争の時代へと再び戻っていったからです。

ここで取り上げた言葉は、『荒野のおおかみ』の中で、ハリーが偶然出会い、惹かれていった若く美しい女性ヘルミーネが彼に語る言葉です。ハリーはナショナリズムと全体主義に覆われていくドイツ国内で、一般市民として生きることができず、残虐性と理性を

ヘルマン・ヘッセ／1877-1962年（没年85歳）

ドイツ出身のスイスの小説家・詩人。西洋文明批判の色彩の強い、自己の内面追究を主とする作品を多く創作。1946年にノーベル文学賞を受賞。代表的小説作品としては、『車輪の下』、『少年の日の思い出』、『デミアン』、『ガラス玉遊戯』などが、詩集としては、『ロマン的な歌』や『四季』などがある。

同時に持っている自らを「荒野のおおかみ」と呼び、厭世的な生活を送っていました。そこに突然登場したのが謎の女ヘルミーネですが、彼女はハリーの生活をアイロニカルに（皮肉っぽく）見つめ、別の世界に連れ出そうとします。彼女はハリーのニヒリズム的な態度を冷淡な目で見つめながら、掲出の言葉を述べるのです。ですから、この言葉は愛の素晴らしさを賞賛し、死を克服するように語ったものではなく、**死は性愛や愛の遊戯の前では小さな出来事に過ぎない**という事柄を、ニーチェ的に言うならば、能動的ニヒリズムのあり方を象徴的に語ったものと解釈できます。

不幸な時代の知識人

ドイツの哲学者ハンナ・アーレントは『暗い時代の人々*』の中で、不幸な時代に生まれ、そうした時代を生きざるを得なかったレッシング、ローザ・ルクセンブルク、ヤスパース、ベンヤミン、ブレヒトといったドイツの知識人について書いています。人間は自らが生まれた時代の中で生きていかざるを得ず、だからこそ時代精神というものが存在します。幸福な時代に生きているならば、その時代の時代精神に苦しむ必要はありません。しかしな

*『暗い時代の人々』ハンナ・アレント、阿部斉訳、ちくま学芸文庫

がら、不幸な時代に生まれたならば、それもその人が思慮分別のある知識人であったならば、アウトサイダーとして生きるしか道はなくなります。自分が正義である、真理であると思う事柄が次々に破壊されていく中で、知識人が自殺せずに生き続けるには、そうした時代の一般大衆として生きるのではなく、アウトサイダーとして時代の外に身を置いて生きるしかなくなるのです。

　ハリーはまさにそうした知識人の一人です。もう初老である彼の望みは、この時代から遠く離れていくことであり、それは外国に逃げ出すことではなく、地上の世界から立ち去ること、すなわち、自殺でした。ヘルミーネはハリーのこの考えを否定します。何故なら、ハリーの思想が正しいものであるにしても、結局それは観念的な遊戯になってしまうものだからです。そんな観念世界での遊戯に苦しめられるくらいなら、愛の遊戯を実際に楽しむ方がずっといいことを彼女はハリーに教えます。そして、ハリーにジャズ音楽や社交ダンスの魅力を教え、美しい友人マリアを愛人として紹介します。ヘルミーネに導かれて、観念世界に閉じ籠っていたハリーが変わっていきます。ジャズ音楽と社交ダンスに浸っていきながら、ハリーは秩序あるヨーロッパの啓蒙主義的なクラシック音楽の世界から、アメリカ的大衆文化のリズムを抱えた世界に向かいます。

暗い時代を超えるために

20世紀の後半においては、多様性と国際化の必要性が強く訴えられました。しかしながら、世紀が変わった後、ナショナリズムの時代が再びやって来ました。国家間の闘争とエゴイズムが蔓延《はびこ》る時代が。こうした暗い時代を乗り越えるためには、どうしたらよいのでしょうか。ハリーのように「荒野のおおかみ」になればよいのでしょうか。

しかし、ニヒリズム的な消極的な抵抗では時代を変えることも、自らの存在性を変えることもできません。時代を変えるためには、自らの存在性を変えるためには、世界に向けて**自らを投げ出していく決意と行動**、すなわち能動的ニヒリズムが求められると、ヘッセは伝えたかったのではないでしょうか。

ヘルミーネの言葉にもう一度よく耳を澄ましてみましょう。この言葉の中にあるアイロニカルな批判精神にではなく、その向こう側に響いている希望の声に。その希望の声が聞き取れたならば、ヘルミーネの言葉は時代精神への消極的抵抗を冷笑するデモーニッシュな言葉から、真に愛を求める言葉に変わっていくのではないでしょうか。

まとめ

❖不幸な時代に生まれた知識人が自殺せずに生き続けるには、そうした時代の一般大衆として生きるのではなく、アウトサイダーとして時代に背を向けて生きる方法を取らざるを得ない。

❖閉塞する時代に、自殺願望を超えて、自分の残酷な運命を引き受け、生きる決意をする能動的ニヒリズムが人を救うこともある。

卑劣漢では生きていけないばかりか、
卑劣漢では死ぬこともできないのを、
僕は知ったんです……
そう、みなさん、
心清く死ななければいけないんですよ！

『カラマーゾフの兄弟』より

神の前での潔癖さと死生観

『カラマーゾフの兄弟』の長男ドミートリによるこの言葉は、父親であるフョードルの殺害に関して自分が無実であることを証明するために検察官を前にして語られた発言の中で示されたものです。この発言において注目できる点は、自堕落な生活を送っていたドミートリが誠実な人間として生きることと、**誠実な人間として死ぬことの重要性を強調している**ことです。

　父親殺しの嫌疑をかけられているドミートリは自分が無実であることを証明する必要性に迫られますが、そこで彼は卑劣漢という言葉を出すことによって、自己正当化を行っています。しかし、卑劣漢という言葉によって表されたものは何でしょうか。それは、裏切者でも、近親者を殺した者でも、堕落した生活をしている者でもありません。それは真実を語らずに、自らの無実を証明しない人間を指していると

フョードル・ドストエフスキー／1821-1881年（没年59歳）

19世紀のロシアの小説家。ロシアでは今もトルストイと並び称されている文豪である。彼の長編小説、特に、『罪と罰』、『白痴』、『悪霊』、『カラマーゾフの兄弟』は世界文学の最高峰とも評価されており、世界中の多くの小説家に影響を与えている。

解釈できます。掲出の発言によって、ドミートリは地上での自分の無実を示すと共に、神の前に出た時にも自分が無実であることを強く主張できなければならないと考えたのではないでしょうか。

ロシアにおける「死」と「神」の問題

このように考えるならば、冒頭の言葉には死と神の問題とが深く関係していることが理解できるでしょう。キリスト教世界で、神は罪の裁きを行う存在です。地上において罪を裁くのは国家権力を背景にした司法機関です。この機関が罪に対する罰を与えますが、法的な罰が与えられれば、司法制度上は犯罪者の罪はなくなります。しかし、神の裁きはそれとは別のものです。法的な罰を受けても神が許さないのであれば、罪を犯した人間の罪は消えることはありません。

ロシアには多くのロシア正教徒がいて、彼らは神の存在を強く信じています。神が許さなければ罪人の罪が消えることはないと信じています。こうした考え方が背景にあって、ドミートリの発言があるのです。父親殺しに対する潔白が証明されなければ、神の下での最後の審判の場においても自分は卑劣漢で罪人となってしまう。そうドミートリは強く思ったのではないでしょうか。

ドストエフスキーのポリフォニー文学

ドストエフスキーの文学を、ロシアの思想家であり文芸評論家のミハイル・バフチンはポリフォニー文学であると見做しました*。ドストエフスキーの多くの小説の中では、登場人物の様々な声が響き渡って、重厚なシンフォニーが奏でられるからです。神や死という壮大なテーマが展開されている『カラマーゾフの兄弟』においても、登場人物の様々な声が響き渡っています。ドミートリの発言の中にロシアの民衆の声を聞くこともできますし、次男イワンの発言の中にロシアのインテリ階層が抱いた神の存在の否定とニヒリズムの声を聞くことができます。また、末っ子のアリョーシャの発言の中には神に仕える真摯な聖職者の声が表されています。

死という問題に関して、19世紀後半のロシアのインテリ階層はイワンのように死後の世界などはないと考え、神の存在を徹底的に否定しました。『カラマーゾフの兄弟』の中で、

*『ドストエフスキーの詩学』ミハイル・バフチン、望月哲男・鈴木淳一訳、ちくま学芸文庫

こうした考え方に対して、神の存在を固く信じるアリョーシャ、自堕落でありながら最終的には神の救いを求める民衆の姿勢を代表するドミートリの声が対立し、複雑に絡み合い、物語を展開させています。このポリフォニー性ゆえに、ドストエフスキーの小説は単なるヒューマニズムを超えた実存主義文学の最高峰の一つと形容されています。

ドストエフスキーは神を本当に信じていたのか？

小説世界では神の存在を確固とした姿勢で肯定しているドストエフスキーですが、実際には神を信じてはいなかったのではないかと私は疑っています。彼は最後まで無神論的な革命家だったのではなかったかと思うのです。革命家であるということが官憲に知られたら困るので、自己防衛本能によって国家の秩序や神の裁きといったものを過剰に正当化していったように見えます。

ドストエフスキーの日記などを読むと、死刑のために刑場に連れて行かれるまでは死が怖くなかったと書かれています。しかし、銃殺の直前、**突然恩赦になった瞬間から死が怖くなった**と記されています。このことは大きな意味があります。国家が「殺すことができる」

ということだけではなく、「生かすこと」もできるのだということを知った瞬間に怖くなったというのは、国家に生殺与奪権があるからこそ暴力装置として君臨できているということを実感したからです。この恐ろしい現実を、ドストエフスキーは実際に体験した人なのです。

このように見ていくと、ドストエフスキーの死生観が単にキリスト教思想の影響下にあったと考えるのは正しくはないと思えてきます。彼の死生観は自らが紡ぎ出した物語の中のポリフォニー性とカーニヴァルの喧騒に彩られ、それが静謐で安息のある生と死との必要性を説くキリスト教の秩序ある世界を大きく撹乱しているのではないでしょうか。

まとめ

- ドストエフスキーの思想は実際にはニヒリズム思想に近かったかもしれないが、神や救済の重要性は否定できないと考えていた。
- ドストエフスキーはポリフォニー的な物語が展開する対話描写を通して、死や神の問題に迫っていったと考えられる。

あらゆる
存在というものは、
理由もなく生まれ、
弱さから生き永らえ、
偶然に死ぬものだ。

『嘔吐』より

実存主義者としてのサルトル

20世紀のフランスを代表する実存主義者ジャン＝ポール・サルトルは人間の存在とは何かという問題を、哲学によってだけではなく、文学作品によっても探求し続けました。われわれ人間はこの世界の中に逃れ難く投げ込まれている存在です。それは神が定めたものでもなく、ある自然法則性に則ってここにいるというものでもありません。偶然に、確固とした意味を持つことなく、ここに存在しているとサルトルは述べています。そして、それこそが人間存在の実存的姿であると主張し、それが彼の思想の中心テーマとなっています。

サルトルのこの実存主義的な考え方は、絶対的な真理を信じることが不可能となった20世紀前半の時代的叫びとなって世界中にこだましました。

第一次世界大戦が終わって、荒廃したヨーロッパ。その様相は、

ジャン＝ポール・サルトル／1905-1980年（没年74歳）

フランスの哲学者・作家・評論家。実存主義者であり、行動する思想家として存命当時は世界の思想、政治、文化、社会に大きな影響を与えた。1964年にノーベル文学賞の受賞を拒否し、話題にもなった。哲学書の代表作としては『想像力の問題』や『存在と無』が、小説としては『自由への道』などがある。

キリスト教も観念論哲学もマルクス主義も結局は破壊をもたらしただけで、絶対的真理などは虚構に過ぎないと多くの人々が感じるものでした。西欧の理性中心主義の死の後にやってきた不安の時代。それは、理性の法則に従えば必然的に真理に至るという西洋合理主義への確信を粉々に打ち砕いたのです。

不条理の文学

普遍的真理のない世界では、人間を正しく導いてくれる宗教も、倫理も思想も存在してはいません。唯一人、自らが世界と対峙して存在していかなければなりません。そこでは理性を頼りにした絶対的真理は消え、偶然の力が支配します。サルトルはこの確固とした意味を持たずに、孤独に世界と対峙する人間の存在状況を不条理と呼び、不条理な人間の姿が展開される世界を文学作品の中にも描きました。その代表的な作品が１９３８年に発表された長編小説『嘔吐』です。この作品は時代性と実存主義的世界観を背景として、発表当時、同時代の知識人らに大きな衝撃を与えました。

掲出の言葉は、こうしたサルトルの思想を的確に表現しています。存在とは何かを問い続ける主人公アントワーヌ・ロカンタン。存在することとは何かを発見した時に、彼は「あらゆる存在というものは、理由もなく生まれ、弱さから生き永らえ、偶然に死ぬものだ」と思うのです。それは西洋合理主義とは真逆の思想を表明する言葉です。

ここにはまさに不条理が語られています。不条理な世界は不安の時代の鏡となりました。カフカの『変身[*1]』、セリーヌの『夜の果ての旅[*2]』、カミュの『異邦人[*3]』といった小説においては、条理が崩れ去った世界で、出口のない状況に理由もなく投げ込まれた登場人物が、その状況に翻弄されていく姿が描かれています。こうした小説世界で示されている不条理は、第一次世界大戦前から第二次世界大戦終了後の世界像を反映したものともなっています。

デカルト思想における理性的な自我の確立と共に信じられてきた西洋の合理主義の根底が覆され、野蛮で残虐な戦争とファシズムの嵐に翻弄されたヨーロッパ。そこでは今まで信じられてきた合理主義の精神が虚偽ではないかという声が激しく叫ばれました。その叫びを表した代表的な作品が今挙げた三つの小説ですが、サルトルの書いた『嘔吐』もこの系譜に連なる歴史的意味を持つ作品です。サルトルは主体の自由を強調しましたが、不安

*1『変身』フランツ・カフカ、高橋義孝訳、岩波文庫
*2『夜の果ての旅』上下巻、セリーヌ、生田耕作訳、中公文庫
*3『異邦人』カミュ、窪田啓作訳、新潮文庫

の時代、自由は主体に過酷な運命を担わせるものです。それゆえ、彼は**「人間は自由の刑に処せられている」**と述べています。

私を疎外する他者の眼差し

サルトルの文学をよりよく理解するために彼の哲学をもう少し見ていきましょう。サルトルは『存在と無』という哲学の大著を書いていますが、その中で、彼は人間の実存的状況を綿密に分析しています[*4]。そこでは主体自身と世界の関係だけではなく、他者という存在の分析も行われています。他者が私に眼差しを向けた時、私は他者の眼差しによって凝固され、物化されてしまい、私の自由は失われてしまうと、サルトルは主張しています。つまり、他者の眼差しはメドゥーサの眼差しのように、私の有する自由を奪い、私を石に変えてしまうようなものであると、サルトルは言っているのです。

　サルトルの思想的テーマは、私がこの世界でどのように存在するかを示す「対自存在」の問題です。あくまで、主体である自分自身が重要であって、他者は私を疎外するものです。ですから、他者との関係性を表す「対他存在」は、私という主体にとっては私がこの

*4『存在と無』サルトル、松波信三郎訳、ちくま学術文庫

世界で生きていく存在様式を示すハイデガーの用語である世界内存在（サルトルはこの言葉をフランス語で être dans le monde と訳しています）の障害となるものなのです。しかしながら、他者とは世界内で私を阻害するだけの存在でしょうか。この疑問は第二次世界大戦後のサルトル思想の大きな問題となっていきます。

アンガージュマンの可能性

サルトルと同時代に生き、彼の友人でもあったフランスの哲学者モーリス・メルロ＝ポンティは、我と他者との関係を『存在と無』を書いた当時のサルトル思想とは別な形で考えました。他者と共にあることによって実現される主体性を間主観性（intersubjectivité）と言いますが、この側面をメルロ＝ポンティは強調しました。彼は『シーニュ』の中で「たとえば私の右手が私の左手に触れるとき、私は左手を「物理的な物」として感ずるが、しかし同時に、私がその気になれば、まさしく、私の左手もまた私の右手を感じはじめる（………）[*5]」と語っていますが、ここには我と他者の相互性によって実現される主体性が比喩的に語られています。

*5『シーニュ』モーリス・メルロ＝ポンティ、竹内芳郎訳、みすず書房

第二次世界大戦後のサルトルはこうしたメルロ＝ポンティの思想の影響を受けて、主体の世界の中での自己実現を社会参加としてのアンガージュマン（engagement）を目指すものと考えるようになりました。サルトルが戦後の講演の中で語った「実存主義はヒューマニズム」であるという有名な言葉の中にも、我と他者との間主観的関係によって実現されるアンガージュマンの方向性がはっきりと示されています。偶然性が支配される世界にあっても、**世界に向かって自らを投げ出せば**、その行為を阻害する他者だけではなく、私を助ける他者も存在する点を、メルロ＝ポンティに倣ってサルトルも認めていったのです。

まとめ

❖不条理に包まれた世界の中で、人間は生き、死ななければならないというサルトルの実存主義哲学は20世紀前半の世界に大きな衝撃を与えた。

❖不条理で偶然に支配される世界に存在していても、人間はアンガージュマンすることで、他者と共に、この世界を変革することが可能である。

第2章

死を知って生きる

お前たち、
そうやって死を
遁れようと
しているが、
どうせいずれは
向こうから
お迎えに来る。

『コーラン』より

イスラム教の聖典『コーラン』

イスラム教は偶像崇拝を禁止し、唯一神アッラーへの奉仕を重視し、信徒同士の相互扶助関係を重んじる宗教です。こうしたイスラム教の教えを開いた預言者ムハンマドの言葉を記した聖典が『コーラン』です（最近では、しばしば『クルアーン』とも表記されます）。そして、イスラム教徒であるムスリムの取るべき信仰行為は、信仰告白（シャハーダ）、礼拝（サラー）、喜捨（ザカート）、断食（サウム）、巡礼（ハッジ）の五つです。

ムハンマドが説いたイスラム教の教えは8世紀の半ばくらいからアラビア半島を中心として、世界中に広まっていきました。その大きな理由として、イスラム教が相互扶助の精神と、宗教的寛容性といった特質を有する宗教であるからと言われています。

世界宗教となるイスラム教の教祖にして偉大なる預言者ムハンマ

ムハンマド／570頃（?）-632年（没年？歳）

イスラム教の開祖。アラビア半島にあるメッカで平凡な生活を送っていたが、40歳の頃、アッラーの神の啓示を受け、布教活動を開始する。布教当初は迫害を受けたが、イスラム教は勢力を拡大し、世界三大宗教の一つとなり、ムハンマドの受けた啓示を表した『コーラン』はイスラム教の聖典となっている。

ドと、彼の言葉が綴られている『コーラン』。冒頭に挙げた言葉も、この聖典の中に登場します。イスラム教徒はこの聖典を繰り返し読み、ムハンマドの語ったとされる言葉をアッラーの教えとして固く信じて、厳格な宗教的戒律に従って日々の生活を営んでいます。

イスラム教の死生観

「お前たち、そうやって死を遁れようとしているが、どうせいずれは向こうからお迎えに来る」という発言を考えるために、先ずはイスラム教の死生観について語っていく必要性があるでしょう。『コーラン』の中で、**死は人間にとって避けられないもの**として示されていますが、ここでは「誰でもみな（一度は）死を味《あじわ》わねばならぬ身。お前たち（この世にあるかぎり）、我らは禍福でいろいろに試練《こころみ》た上で、みな我らのもとに連れ戻す」と書かれている部分に注目してみます。この文章において、人間にとって死が絶対的なものであることを「我＝アッラー」の神が定めたことが、先ず語られています。そして、そのことは冒頭に挙げた言葉によっても確かめることができます。しかし、「試練《こころみ》た上で、みな我らのもとに連れ戻す」というのはどういうことでしょうか。

イスラム教では人間の死はアッラーの神に定められた絶対的なものですが、死後に楽園である天国で復活することができるとされています（復活の前に、裁きが行われ、そこで、天国にいくか、地獄に行くかが決められるという点も忘れずに指摘しておかなければなりませんが）。つまり、**天国で復活するためには、死が必要**なのです。ですから、「お前たち、そうやって死を遁れようとしているが、どうせいずれは向こうからお迎えに来る」という言葉は、イスラム教徒にとっては人間の悲劇的な運命や不条理さを語ったものでは全くありません。神が望む善行を積めば天国での復活があり、死はその復活のための一つのステップなのです。イスラム教徒は死を恐れない側面があるとしばしば言われますが、それは人間が死んでも、生前にアッラーの厳しい戒律に従って、神が望むことをしっかりと行っていれば、絶対に天国にいくことができると信じているからです。アッラーの神は神である自分を信じれば、天国への道を約束してくれる存在なのです。

永遠の生命の否定

冒頭の言葉を別な角度から考えることも可能です。イスラム教では（これはキリスト教においてもそうなのですが）、天国での復活が重要視されているので、永遠の命というものは忌避されるべきもの、いやもっと正確に言うならば、絶対に否定されるべきものとされています。

死がなければ天国に行く可能性もなくなる以上、永遠に生きることは神の教えに反することで、あってはならないのです。

世界的に有名な南米の作家ホルヘ・ルイス・ボルヘスは１９７８年にアルゼンチンにあるベルグラーノ大学で行った「不死性」というタイトルの講演の中で、「私自身について言えば、不死性などを望んでいません。それどころか恐れてさえいます。このまま生き続け、これからもボルヘスであり続ける、そう考えただけで身の毛のよだつ思いがします。*」と語っています。**永遠の生があるということは自分自身をずっと引き受け続ける**ということです。それはサルトルの表現をもじって言えば、「不死という刑に処せられる」ようなものです。ですから、ボルヘスは不死性を恐れたのではないでしょうか。死があるからこそ、私という人間の存在理由が確かめられるとボルヘスは考えていたように、私には思われます。

*『語るボルヘス—書物・不死性・時間ほか』ホルヘ・ルイス・ボルヘス、木村榮一訳、岩波文庫

死が私に追いつくことは恐ろしいことなのかもしれませんが、「私」という存在からの解放という側面から見れば、死は救いとなると考えられるのです。

まとめ

❖イスラム教の考えでは、死はアッラーの神が定めた絶対的な定めである。だが、神を信じる者が死んでも天国で復活することを、神は約束している。

❖不滅の生命を否定することで天国への道が開けるのであって、それゆえ、死は天国への道に向かうために絶対に必要な一段階である。

燃えたよ……
真っ白に……
燃え尽きた。

『あしたのジョー』より

あしたのジョーは死んだのか？

原作・梶原一騎（高森朝雄）、作画・ちばてつやの漫画『あしたのジョー』の最終話で、矢吹丈（ジョー）は世界チャンピオンのホセ・メンドーサと最終ラウンドまで壮絶な打ち合いを行った末、惜しくも判定負けを喫します。ジョーはコーナーで独り言のように冒頭の台詞を語ります。それまでマットで対戦相手を死に追いやったり、廃人にしたりした絶対王者ホセから雨あられのパンチを浴びたジョーは、ふつうなら死んでもおかしくない状況でした。そもそも彼は試合前からパンチドランカーだったのです。

全てが終わり、発せられたこの言葉は、ジョーの最後の言葉だったのでしょうか。ファンの間でも彼が死んだのかどうか意見が分かれています。著者もその真相は明らかにせず、読者の

梶原一騎／1936-1987年（没年50歳）

漫画原作者。『あしたのジョー』では高森朝雄の名前で連載をした。格闘技やスポーツ漫画を中心に数々の原作を発表、ヒット作を連発する。本作以外の代表作に『巨人の星』や『タイガーマスク』、『愛と誠』などがある。

ちばてつや／1939年-

漫画家。数多くヒット作があるが作画を手がけた『あしたのジョー』も代表作の一つ。

解釈に委ねています。この作品は、椅子に腰掛け、微笑みを浮かべ目をつぶっているジョーの姿と共に終わりを告げます。

生死を超えたジョーの虚無主義

このラストを見ると、主人公の虚無主義が見えてきます。ここにある虚無主義は、生死を超越した人間存在における「空の思想」と言ってよいでしょう。人生の目標や意味を見つけても最終的に死が待っているから、それを追い求めても無意味である。しかし、だからこそ**死を覚悟して、自分が燃え尽きるまで突き進む**。世界チャンピオンや試合の勝利といった一般的価値を否定し、ただ自分の信じた方向だけを向いて生きる。著者がジョーに投影したのはそういった人間の姿でした。ここに原作者である梶原の人生観が垣間見られます。

虚無主義について論じた哲学者としてニーチェが挙げられます（P26参照）。ソクラテスは「善く生きること」を生の目的とし、キリスト教は神の前での自らの原罪を認め、救いを得ようとすることを生の目的としました。しかし、ニーチェはこうした姿勢を否定し、私たちが生きる現実世界には何ら価値も意味もないことを強調しました。これがニーチェ流の虚無主義＝ニヒリズムです。ニーチェはさらにこれを受動的ニヒリズムと能動的ニヒリズムに分けました。前者は世の中が無価値であることを嘆いている状態であり、それを否定する一方、無価値であることをあえて肯定的にとらえ生きていこうとする後者を高く評価しました。「真っ白な灰のように燃え尽きる」ことだけを目指し、生にも勝利にもこだわらなかったジョーの生き様は、ニーチェの言う能動的ニヒリズムと言えるでしょう。

体制に反逆するジョーに感化された時代

『あしたのジョー』は、１９６８年から１９７３年まで『週刊少年マガジン』で連載されました。70年安保闘争を中心とする学生運動の華やかな時代、当時の若者の多くは『あしたのジョー』を愛読し、権威的なものに反逆し死を覚悟して生きる主人公・矢吹丈の生き様に熱狂したのです。そして、その象徴的な出来事として、１９７０年3月に起きた共産主義者同盟赤軍派（以後、赤軍と記す）による「よど号ハイジャック事件」が挙げられます。羽田発福岡行きの飛行機をハイジャックした赤軍グループは、北朝鮮へ飛ぶように指示、亡命に成功しました。そのとき赤軍のメンバーであった田宮高麿は「われわれは明日のジョーになる」という言葉を残しました。革命に燃えた赤軍のメンバーは北朝鮮から世界革命を起こしていこうという情熱に燃えていました。しかし、独裁政権化した金日成の社会主義政権のもとで、日本の青年たちは何もできず革命の夢は破れ去りました。赤軍メンバーは結局、「あしたのジョー」になれなかったのです。

　赤軍の革命思想とこの作品に見られるニヒリズムは、直接関係はありません。世界革命の思想には、資本主義体制を壊し、プロレタリアート国家の構築が目的にありました。そこにニヒリズム思想や、この世界に絶対的な価値や意味がないという考え方は基本的にありません。しかし、60年安保を経て70年安保を迎えた時代の流れの中、学生たちにニヒリズムの空気が蔓延していったのも確かでした。人間の**生きる意味に疑問を抱いても、なお自らの存在を引き受け進もうとする**ジョーの生き様と同じものが、時代精神にあったと言えるのではないでしょうか。

まとめ

❖ジョーは燃え尽きて無になることに向かって突き進んで行った。そこには肯定的なニヒリズムを生きる一人の若者の姿があり、同時代の若者はジョーの生き方に共感した。

❖革命思想はニヒリズムとは無関係だが、ジョーの生き方である大きな力への反抗精神という点では重なり合う部分がある。

死ぬことは、
おのおの現存在が
いずれは各自で
引きうけなくてはならない
ことなのである。

『存在と時間』より

死に向かって歩んで行く存在

マルティン・ハイデガーの中心思想は、人間の存在が死を前提にしたものであるということを基盤として展開されています。それが「現存在」とハイデガーによって呼ばれた、われわれ人間の根本的な存在者としてのあり方です。西洋哲学史の中で、ハイデガーはサルトルによって代表的な実存主義者として位置づけられましたが、それはハイデガーの「世界内存在（In-der-Welt-sein）」という概念の提唱と深く関係しています。冒頭の言葉の意味を詳しく考察するために、ここでは先ずこの概念について解説します。

世界内存在という概念は現存在の基本的な存在様式です。現存在はわれわれが生存している場所である世界というものの中に逃れ難く投げ込まれている被投性という側面を持っています。しかし、その一方で、世界に対して自らを投げ出すことができるという投企《とうき》性も持って

マルティン・ハイデガー／1889-1976年（没年86歳）

ドイツの哲学者。フッサールの現象学を発展させ、存在論的な探究を行い、多くの現代哲学者に大きな影響を与えた。特に『存在と時間』は20世紀最大の哲学書とも形容されている。だが、こうした名声とは逆に、ナチズムへの協力によって後半生は激しい批判を受けた。

います。現存在の有するこの二重の存在様式が世界内存在です。つまり、われわれの基本的な存在様式は理由も判らずに世界に投げ込まれているという受動性を持ちながらも、自由な存在者として世界に向かって前進することができる能動性も持つものなのです。そして、世界内存在するわれわれの前にある絶対的な事象、それが死です。

死ぬということを知っている存在

われわれは、他の地球上の生物とは違って、自らがいつかは死ぬことを知っています。全ての現存在の前には死が待っていることを知っているのです。しかし、それは絶望すべき事柄でしょうか。われわれは自らの死が必然であるということを知っているゆえに、生というものに対する真摯な姿勢を持つことができるという側面があることが、ハイデガーの哲学においては重要になるのです。もしも、現存在が永遠に続く生を有していたのなら、現存在は生と死とに真正面から向き合うことができず、時間の中でただ漂う存在になってしまうのではないでしょうか。

われわれは自らがいつか死ぬことを知っていますが、いつ死ぬのかということは知ってはいません。このことはわれわれが**自らの生をどう生き、どう死に向かって進んでいくか**ということを決定する大きな要因となります。「自分は死ぬが、それが今ではない」と思った現存在*は、世界に対して積極的に自らを投企していくからです。冒頭のハイデガーの言葉はこうした現存在の様態を端的に表している言葉です。

故郷喪失と現代

ハイデガーの思想を考えた場合に、世界内存在、死の存在といった概念と共に忘れてはならない概念があります。それは「故郷喪失」です。歴史的進歩という視点から見れば、現代は民主主義の発展や科学技術の進歩といったものによって、よりよい世界が築かれていくはずでした。しかし、まったくそうはなっていない現実があります。資本主義社会が進む中で、貧者が増大し、貧富の差は拡大する一方です。経済的側面だけではなく、精神的にも様々な原因によって生きる希望を失った人々が先進国と言われる国々の中にも溢れています。こうした疎外現象の根本に故郷喪失があるとハイデガーは考えました。

ハイデガーは、如何に科学技術が発展しても、人間社会が文明化しようとも、われわれ

*なお、ハイデガーの「現存在」は、一人一人の人間ではなく、あくまでも抽象化され一般化した人間を指す。そのため、このように簡単に一般化したことがナチズムへと繋がったとか、それぞれの主体の個別性の排除ではないかといった批判がある

に帰るべき故郷というものがなければ、安息を得られないと主張しました。山林の開発、海洋資源の乱獲、放射能汚染といった事態は、われわれがそこに帰り、安らぐことができる自然を破壊し、われわれの生存基盤である自然に死をもたらしています。こうした自然の死は、自然が死ぬだけには止まらず、われわれに精神的な死をもたらしているとハイデガーは考えたのです。

ハイデガーの思想とナチズム

ハイデガーのこうした考え方は、**死を引き受け、より強い存在者を目指し、母なる大地を守っていく**というポジティブな側面を持つ一方で、ナチズムとの親近性という問題を孕みました。死を恐れない、より強い存在は、ニーチェの思想の延長線上にあるものです。死ということは避けられないので、それに対して怯えながら生き続けていくしかないのではなく、怯えないで生きることができる人間が必要だというニーチェの超人思想へと通じるものです。こうした超人思想は民族間や国家間の弱肉強食を肯定したナチズムへ向かうものでもありました。故郷喪失という問題も、一つ間違えば他民族排斥、ナショナリズムの高揚を促すものです。このように考えていけば、ハイデガーがヒトラーを礼賛して、ナチズムに加担した理由も理解できるのではないでしょうか。

ハイデガーの思想は魅力的な側面が多々存在しており、現代においても確かに学ぶべき必要のある哲学です。しかし、今述べたようにナチズムのような全体主義に引きずられ易いという危うさも内包しています。死の問題と真剣に対峙したハイデガーの思想は非常に優れたものですが、暴力による死をもたらす危険性を持っている点も考慮しながら、ハイデガーの考え方を受け入れていく必要性があると思います。

まとめ

❖ハイデガー思想の中心は存在論的探究であるが、その根本には現存在が死に向かって進みながらも、死と対峙できる存在であるという認識が存在している。

❖ハイデガーの存在論的思想には、強靱な存在性と祖国愛を強調する点で、ナチズムに通じるファシズムに陥る危険性も孕んでいる。

愚劣な作戦の犠牲に
なって死ぬのは、単に
「**つまらない**」
ただそれだけなのである。

『俘虜記』より

戦場で揺れ動く主人公の心

戦場にいる兵士の心理は、平和な日常生活を送っている人間の心理とはまったく異なるものです。戦地にいるという特殊な状況に加えて、友軍が絶対的に不利である場合は、兵士の心理状況はなおさら揺れ動きます。ここで掲載した大岡昇平の言葉は、米軍との激しい戦闘が開始される前に、愚かしい作戦のために無駄死にすることなど馬鹿馬鹿しいと考えていた『俘虜記』の主人公の言葉です。

戦場にいないわれわれにとって、この言葉は当たり前のことのように思われますが、実際に戦争を行っていた旧日本軍兵士がこのように考えることは固く禁じられており、不可能でした。主人公がこういう考えを確信するに至ったのは彼がインテリであり、客観的に現状分析ができたことが影響しているでしょう。しかし、主人公のこの判断も実際の戦闘の中で、揺れ動いていきます。

大岡昇平／1909-1988年（没年79歳）

元々はフランス文学の研究家であったが、第二次世界大戦後に小説家・評論家となった。自らの戦争経験に基づいた『俘虜記』、『野火』、『レイテ戦記』といった小説は有名。しかしながら、戦争文学とは別な、『武蔵野夫人』や『事件』といった作品も高く評価されている。

限界状況に追い込まれた人間は冷静になれない

マラリアに罹り、体力を失っていた時に、米軍による攻撃が開始され、友軍から取り残された主人公は一人で行動することになります。最初、彼は米軍に対して抵抗せずに、殺されようと考えますが、自分の方向に進んでくる米兵を見て銃を構え、その兵士を撃とうと思います。しかし、遠くで起きた銃声を聞き自分から離れて行く米兵を撃たずに、ただ見送ります。その後、状況は悪化していき、主人公は自殺しようとしますが叶わず、マラリアの熱によって倒れて意識を失った後で、米軍に発見され、捕虜になります。

主人公の心理は何故このように揺れ動いたのでしょうか。そこには限界状況に置かれた人間の心理がはっきり表れていると私は思います。戦場での、生きるか死ぬかという状況下で、冷静に何かを考えたり、行ったりすることはできません。それも自分たちが勝利する側にいるならば、勝利の高揚感によって、思考や感情の混乱を抑えることが可能でしょう。しかし、自分たちが圧倒的な不利な状況にあったり、敗北が決定的であったりする場合には、冷静な判断力を持つことは至難の業です。そうした状況の中に投げ込まれた兵士は自分がどうすればよいかということを一瞬ごとに判断し、行動しなければならないのです。それはまさに実存主義哲学者ヤスパースやサルトルが言っている「限界状況下」にあるということです。

国家は兵士を消費財にする

戦争において国家は兵士に死も厭わず戦うことを強制します。その命令の下で、兵士は死と直面しながら敵を倒すために前進します。もしも「自分が死ぬかもしれない」という考えを持ってしまい、その恐怖に支配されたのでは兵士は兵士でなくなります。軍隊教育によって、死は恐ろしいものではないと兵士が思うように、国家は兵士たちをマインドコントロールします。それによって、兵士たちは戦争に勝つために自分の命を投げ出してもよいという思いを抱くようになります。戦争において、国家は兵士を消費財として用いて、勝利を得ようとし、それを批判するような考えを抱かないようにコントロールしていくのです。

もう一つ大事なことがあります。兵士たちは一人では戦っていません。友軍の他の兵士たちと共に常に戦っています。ですから、彼らは強い仲間意識を持って戦います。仲間の協力を得られるからこそ、戦場で生き残ることができ、勝利することも可能になります。敵・味方という二項対立の図式こそが兵士にとって重要な戦争論理です。限界状況下で、思考は混乱し、秩序立ったものではない点はもちろんのことですが、その状況下にあっても、兵士たちが自分の頼れるものは友軍の仲間であると思い戦っているという点も、忘れてはならない問題です。

戦争における犠牲者の拡大

ところで、戦争においては、実際に敵と対峙している兵士だけが犠牲になるのではありません。近代戦が始まって以降、戦争は兵士たちのみで行うのではなく、国家のあらゆる力を動員して遂行される総力戦となりました。そのために、敵国の都市を無差別爆撃*して無辜《むこ》の市民を殺害することも、戦略上必要であるという理由で、躊躇なく行われるようになりました。無差別爆撃はイタリアが最初にスペインのゲルニカで行い、その次に日本が重慶に対して行い、その後、日本やドイツに対して連合国が行いました。こうした戦略

*無差別爆撃については、『戦略爆撃の思想―ゲルニカ-重慶-広島への軌跡』前田哲男、朝日新聞社が参考になる

爆撃は膨大な数の一般人の死傷者を出し、第二次世界大戦以降も断続的に続いています。

最後にこれは私見ですが、冒頭の言葉にある戦争における兵士の「死」や「命」は勝ち戦か負け戦かで、事後的に全然違って見えるものです。もし、太平洋戦争に日本が勝利していたら、作者の大岡の戦争に対する見方も違ったものになっていたと思います。

まとめ

❖戦場での兵士の心理は限界状況下で揺れ動き、冷静な判断をすることが困難になる。しかし、国家はそのような兵士たちの心理をコントロールし、戦争のための消費財にしていく。

❖近代戦では兵士だけが犠牲になるのではなく、国民全てが犠牲になり、死ぬ危険性がある。

武士道といふは、死ぬ事と見付けたり。

『葉隠』より

時代が要求した武士の道徳書

　山本常朝が『葉隠』を口述筆記したのは、18世紀の初頭です。この時期は江戸時代の中期で、戦乱が完全に治まり、平和な安定した時代になっていました。その点はよかったのですが、こうした平和な時代は、江戸時代の支配階級だった武士にとっては、諸手を挙げて歓迎できるものではありませんでした。何故なら、武士は元来、兵士と同じで、戦うことが第一の役割だからです。戦闘のために存在していたのに、その戦闘がなければ、武士の存在意義はなくなってしまいます。しかしながら、支配階級としての武士は残されており、そこで武士がどう生きなければならないのかという指標を示す必要性が出てきたのです。それを記したものが『葉隠』です。それは武士道が廃れたゆえに、時代が要請した書と言えます（武士道が存在した戦国期や江戸時代初期には、わざわざそのような本を書く必要はありませんでした）。

山本常朝／1659-1719年（没年61歳）

江戸時代中期、佐賀藩に仕えた武士で、思想家。石田一鼎《いってい》に儒学を学んだ。主著であり、武士道の精髄を説いた『葉隠』（本来は『葉隠聞書』であったと言われている）は、隠居後に、常朝の語ったことを田代陣基が7年の歳月をかけて筆録したもの。常朝には『愚見集』などの著作もある。

この書の成立状況を見てみても、時代的背景が浮かび上がってきます。先程も述べたように、『葉隠』は山本常朝という佐賀藩の中級武士が語ったものを口述筆記したものですが、常朝はすでに50歳を超え、家督を譲り、隠居していました。その常朝が考える武士の理想像が語られているのですから、それは一時代前の武士の理想が語られていたと考えることが可能ですし、藩や幕府に仕えている現役の武士がすでに武士道というものをしっかりと語れなくなっていたとも考えられます。このように見ていくと、衰退していく武士道精神を記録に残すために、この書が世に出たと言えるのではないでしょうか。

平和な時代に問われる武士の精神

有名な「武士道といふは、死ぬ事と見付けたり」という言葉は、『葉隠』のほぼ冒頭にあります。この後に続く言葉は、「二つ二つの場にて、早く死ぬかたに片付くばかりなり。別に仔細なし。胸すわって進むなり」です。これを現代語で言うと、「生か死かいずれかを選ばねばならない場合は、ただ死を選ぶということであり、それ以上の意味はない。覚悟して、ひたすら突き進むのみである」という意味になります。生か死かという二者択一であった場合、武士は死を選ぶべきだと言っているのです。生よりも死を重視するという点では、西洋の合理主義思想が導入され、**生きることの素晴らしさが強調された近代日本の考え方とは真逆の前近代的な思想**であると言うことができます。

しかしながら、武士というものが兵士としての特質を有する以上、死を恐れず、死を受け入れることを放棄したならば、武士のレゾン・デートル（存在理由）は失われてしまいます。ですから、この言葉は武士が武士足り得るための必須条件を示したものと言えます。

三島由紀夫が激賞した書

『葉隠』は大東亜戦争期にベストセラーとなりましたが、戦後は軍国主義的イデオロギーの一つの大きな源泉となったと見做され、そこに書かれた内容は完全に否定されます。しかし、戦後になっても、小説家の三島由紀夫が『葉隠入門*1』などの中で、生きるために必要なエッセンスが示された重要な書として『葉隠』を評価します。

三島の評価の理由は、簡単に言えば、生きるか死ぬかという限界状況に常に身を置いてこそ人生の意味はあり、ただ単に生きるだけの人生には意味がないことを山本常朝は強調

*1『葉隠入門』（改訂版）三島由紀夫、新潮文庫

している点が素晴らしいというものです。確かに、三島が『葉隠入門』を書いた１９６７年は高度成長時代と大量生産大量消費の時代の波の中で、学生運動はあったものの、政治的にも、思想的にも絶対的な価値のあるものが失われていった時代です。そうした中で、生きることの意味を真摯に語る『葉隠』の作者の声は、三島の心に強く響いたのではないでしょうか。

日本型ナショナリズムの一つの基盤

三島は山本常朝の思想を激賞しましたが、日本において軍国主義者が跋扈した時期に、**『葉隠』がそのレジームを支えるためのイデオロギー装置となった**事実は変えられません。大義のために自らの命を投げ出すことに意義を求める思想は、一見、賞賛すべきもののように思われますが、もしも一人一人の命よりも国家といった大きなものの方に価値があると認めてしまえば、それは国家至上主義としてのナショナリズムの高揚を目指すことと同義となってしまいます。

三島や山本常朝は生と死との関係について語っていますが、死というものが何であるのかをわれわれが知っていない以上、彼らの言説には彼らの主観的判断が大部分を占めています。フランスの哲学者のエマニュエル・レヴィナスは「死は出発であり、逝去であり、否定です。が、その目的地がどこなのかは分かりません[*2]」と述べています。つまり、死に大きな意味があるのは、国家といった大きなもののために小さな自分の命を投げ出すことが高潔であるからではなく、まさに死が不可知であるからこそではないでしょうか。死というものの謎を問い続けることこそ、われわれの行うべき使命ではないかと思います。

まとめ

❖武士道とは何かを語った『葉隠』の中心思想は死を恐れず、死に向かって突き進むというものであったが、その考えは軍国主義日本のイデオローグに都合よく利用された。

❖『葉隠』の中で示されている死に対する主観的認識は、ナショナリズム的側面を確かに内包している。

*2『神・死・時間』エマニュエル・レヴィナス、合田正人訳、法政大学出版局

われわれは
死を**怖**れるのではなく、
心に**映**る
死の**影**を**怖**れるのです。

『セネカ道徳書簡集（全）―倫理の手紙―』より

実践哲学としての死生観

ルキウス・アンナエウス・セネカは生前、ローマ帝国内随一と言われる程の教養人でした。彼はストア派の哲学者であり、何冊もの思想書を書いただけでなく、数多くの戯曲も残しました。また、皇帝ネロの家庭教師であっただけではなく、ネロが皇帝であった時代の前半期の善政を支えたのも彼でした。

セネカが詩人ルキリウスに宛てた書簡も数多く残っていますが、それは単なる手紙ではなく、セネカの様々な人生哲学が語られたものです。

「われわれは死を怖れるのではなく、心に映る死の影を怖れるのです」という言葉は、セネカの残された書簡の一つの中にある言葉です。そこに書かれた内容は、**「哲学的な生」**という問題と**「死の不可避性」**の問題に大別されます。セネカは同時代に生きた歴史家の

ルキウス・アンナエウス・セネカ／紀元前1年頃-65年（没年？歳）

ローマ帝政初期の哲学者、劇作家、政治家。実践哲学の重要性を主張し、ストア哲学を発展させた。皇帝ネロの師であったが、反逆の罪でネロによって自殺を強要された。戯曲の代表作としては『パエドラ』、『アガメムノン』が、随筆としては『怒りについて』や『人生の短さについて』などの作品がある。

バックス・アウフィディウスを例に取りながら、今挙げた二つの事柄についてルキリウスに詳しく語っています。

先ずは、哲学的な生についてですが、セネカは病弱でありながらも老年まで生き生きとしているバックスを見て、「死の影が見えてきても、哲学は人を晴れやかにし、肉体がどんな状態にあっても人を強くし、かつ喜ばしくし、またたとえ肉体は衰えても、人を衰えさせることはありません」と語っています。また、死の不可避性については、バックスの言葉として、「（……）生は死の条件の下に与えられています。道は死に通じているのです。とすれば死を恐れることは、なんと愚かなことでしょうか――確実なことだけが待たれ、不確実なことは恐れられるのですから」と語っています。こうした言葉を見ていくと、セネカの哲学への信頼と賞賛が理解できると共に、**死が不可知なものであっても、強く生きることが可能**であるという信念のようなものを感じることができます。

死と痛み

ここで、冒頭の言葉の「心に映る死の影を怖れるのです」という部分について、考えてみましょう。セネカは、先程も述べたように、死は生きているわれわれには知り得ないものと主張しています。ですが、われわれは死にゆく人の痛みの様子――それはセネカの言う「心に映る死の影」です――を見て、死が苦しみを伴うものであることを知っています。つまり、死はわれわれにとって不可知な存在ですが、死の前の苦しみを見ると、死が恐いものであると思えてくる。セネカの言葉はそういった問題に踏み込んで言及しているのです。

フランスの哲学者ヴラジミール・ジャンケレヴィッチは、『死とはなにか*』の中で死を三人称の死、二人称の死、一人称の死というように三つに分けました。三人称の死は例えば、昨日交通事故で何人死んだというように統計的に非人称的に語られる他者の死です。一人称の死とは私自身の死ですが、これは私が死ぬ時でなければ知り得ないものです。二人称の死、われわれがしばしば言及する死はこの死であって、端的に言えば、身近な人の死です。**死と痛みの問題を考える時、二人称の死が大きな意味を持ってきます**。他者の痛みを強く感じるのは、近しい人が実際に苦しんでいる姿を見た時で、そうした人にわれわれは同化し易く、同化することによって死が恐ろしいものに感じられるのではないでしょ

*『死とはなにか』ヴラジミール・ジャンケレヴィッチ、原章二訳、青弓社

うか。しかしながら、それはあくまでも二人称の死であって、一人称の死ではありません。

安楽死は許されるか？

死の苦しみという問題に関連して、「安楽死」という問題があります（P222参照）。セネカも安楽死とまでは言えないかもしれませんが、苦しみの少ない自殺を行っています。ネロに反逆罪によって死を命じられ、セネカは手首を切って、湯船に浸かり、息絶えたのです。死に臨んでも彼は、周りの人間たちと大らかに話して、死を恐れなかったと言われています。私はキリスト教徒の立場から安楽死が許されるのは、ケース・バイ・ケースだと考えています。例えばナチスの秘密警察であるゲシュタポに逮捕され、酷い拷問を受けても、キリスト教の聖職者や信者は自殺できず、繰り返される拷問の地獄の苦しみに耐えなければならなかったと、カール・バルトというスイスの神学者は述べています。こうした状況下で、ゲシュタポに捕まる前に自殺することは許されるとバルトは主張します。私も同じ考えです。捕まってしまったら、自殺もできない環境に置かれますから（日本の拘置所に収監されている確定死刑囚が絶対自殺できないような監視下に置かれるのと一緒です）。

われわれキリスト教徒にとっては、命は神から預かっているものだから、本来の所有者の了承なくして処分できない。だから、例えば痛みが烈しいときには神に祈って、「この痛みにこれ以上耐えられないのですけれども、安楽死を選択してもいいでしょうか」と自分が祈って、それで神様の声が聞こえてきて、「構わない」という返事だったら死を選んでもいいのではないか……。その場合は、安楽死は認められると、私は考えています。

神の命《めい》に従って自分の命を絶つというのは、表面上は自殺に見えても、キリスト教徒の考え方では自殺ではないのです。それは神の命令に従っただけだから、自殺ではなくて、「殉教」になるのです。

まとめ

❖死は不可知のものであるが、他者の死の前の苦しみを見れば、死が恐ろしいものに思える。だが、不可知のものに恐怖する理由などはない。

❖死と痛みの問題を考える時、二人称の死が大きな意味を持つ。

一粒の麦は、
地に落ちて死なねば、
いつまでもただの
一粒である。
しかし死ねば、
多くの実を結ぶ。

『新約聖書（ヨハネ伝）』より

イエス・キリストは自らを一粒の麦に喩えた

これは、新約聖書に出てくる有名な言葉で、フランスの作家アンドレ・ジッドの小説のタイトル*1にもなったことで知られています。元々は『新約聖書』に書かれた、エルサレムにやって来た何人かの改宗した異教人が、イエス・キリストの弟子のピリポのところを訪れ、「イエスにお会いしたいのですが」と懇願し、イエスは彼らが面会することを許すと、彼らに自らが神から受けた使命について語りました。その際にイエスが使ったのが、この一粒の麦の比喩でした。

この言葉の意味は、それほど難しくありません。種は地に蒔かれなければ、すなわち、死ななければ芽を出すことはありません。つまり、自らの死が良い影響を及ぼすと信じて自分の身を投げ出し、**命を投げ出さなければ、その人の行動が何かに結実することはない**ということを示しています。イエスは、これから十字架にはりつけにされるであ

イエス／紀元後4年頃-紀元後30年頃（没年？歳）

キリスト教の開祖。ユダヤ王国のベツレヘムという町で大工ヨセフとマリヤの間に生まれる。30歳頃に公の場に現れると、神の言葉を伝え、数々の奇跡を行った。しかし、当時の権力者たちと激しく対立し、紀元30〜36年頃に磔刑にかけられて刑死するも、埋葬後に復活したという。

*1『一粒の麦もし死なずば』ジッド、堀口大學訳、新潮文庫

ろう自らの姿を思い描いて、自分自身を一粒の麦に喩えたのかもしれません。

身を投げ打つ人は、他者を感化する

一粒の麦をモチーフにした作品としては、三浦綾子さんの『塩狩峠[*2]』という小説が有名です。同作は、明治時代に実際に起きた鉄道事故を題材にした小説です。１９０９年２月28日、ある列車が塩狩峠を越えようとしていた時、列車の最後尾の連結部分が突然分離し、逆行し始めました。そこで、ちょうどその列車に乗り合わせていた乗客の一人、鉄道員の長野政雄氏が、自分以外の全ての乗客を救おうとして車輪の下に自らの身体を投げ入れて列車を停止させたのです。長野氏の死を恐れぬ行為によって、他の乗客全員の命は救われたのでした。

長野氏はクリスチャンで常に遺書を肌身離さず持っており、そこには「苦楽生死、均しく感謝。余は感謝してすべてを神に捧ぐ」と書かれてあったそうです。その長野氏の姿を見て感化された人々が、次第にものの見方や考え方を変化させ、新しい生き方を選び取ろうとしました。長野氏の生き方は「一粒の麦」という生き方をまさにクリスチャンとして

*2『塩狩峠』三浦綾子、新潮文庫

体現したもので、当時の人々だけでなく、三浦綾子さんをも「感化」しました。

キリスト教は、やはり、イエスその人の生き様から影響を受けているので、人間というものは死ななければ人を感化することができないという教えが存在しています。イエスの生涯を紐解いてみても、この教えが随所に見られます。例えば、ペテロのような一番弟子が「私は先生に最後までついていきます」と言った時、イエスは「今夜、鶏がなく前に、三度あなたはわたしを知らないと言う」と答えます。すると、翌日イエスが抵抗もせずに逮捕され連行されると、イエスを見捨てることができないペテロは人々に紛れてついて行くのですが、何人かの人から「この人は（…）イエスといっしょだった」と糾弾される度に、身分の露見を恐れて「そんな男は知らない。それが嘘なら、呪われてもよい[＊3]」と三回否認することになりました。まさに、イエスの予言通りの展開です。

ところが、イエスの予言が的中したことを知ったペテロはさめざめと泣き、イエスが十字架にかけられて無惨に死んでしまうと、衝撃を受けます。このペテロの逸話も、非常にキリスト教的な、一粒の麦のエッセンスが詰まったものだと思います。

つまり、イエスの死はペテロに変化の契機を与えてくれたのです。実際、イエスの死後、

＊3『新約聖書（マタイ伝）』塚本虎二訳、岩波文庫

ペテロは殉教をも恐れないくらい強靭な意志を持つ人間に生まれ変わります。イエスという一粒の麦が、ペテロを生まれ変わらせたのです。

感化されることの怖さ

しかし、その一方で、この一粒の麦の力は、人間の恐ろしさを浮き彫りにもします。例えば、太平洋戦争期の日本軍の神風特攻隊に関して言えば、こうした一粒の麦の精神が彼らをあの無謀な作戦に駆り立てたと考えられないでしょうか。それは誰か一人が死ぬことで、他の人々を生かすことができるのなら、自分が死のうという精神です。それによって、多くの若者たちがあの作戦に身を投じていったのです。

また、オウム真理教のようなカルト教団においても、麻原彰晃のような人物を熱狂的に偶像視する信者たちは、「こんなに素晴らしい尊師のためなら、自分は何でもする。自分の身を投げ打ってでも尊師のためになることをする」と強く思い込み、結果的に多くの凶悪犯罪に手を染めていきました。

人間の心は、同じ周波数のようなものに共鳴し易いものです。そのため、もしかすると、ある人が死んだ時に、その人が持っていた固有の周波数のようなものに合った波長を持っている人たちが感化されて、後追い自殺をしたりしてしまうのではないでしょうか。人間には、**感化された時に死に向かってしまうという危うさ、怖さ**があります。私たちの中にあるそういう特殊性も踏まえながら、生と死の問題を考えるべきでしょう。

まとめ

❖人間は、自らの命を投げ打つことで他の人々を感化することができる。キリスト教の歴史はそうした歴史であると言える。

❖しかし、感化されても必ずしも善なる行動に繋がるわけではない。洗脳などによって悪に染まる場合も存在するからである。

思うに、
死とは人間にとって
福の最大のものではないかどうか、
何人も知っているものはない（……）。

『ソクラテスの弁明・クリトン』より

幸福な死は存在するだろうか？

プラトンが書いたソクラテスを主人公とした一般的に対話篇と呼ばれる作品の一つである『ソクラテスの弁明』を読むと、**古代ギリシアにおいて死というものは、絶対に忌避すべきものであったり、最も不幸な出来事であるように捉えられたりしていたのではない**ことがよく判ります。毒杯を飲んで死ぬ前に、ソクラテスが普段通りに友人たちや弟子たちと談笑しながら、死というものについて考察している姿がこの本の中で鮮明に描かれています。われわれ生きている人間の中で、死というものを直接経験した人間は一人も存在していません。それゆえ、死がどんなものであるかを実はわれわれはまったく知らないのです。ですから、死が怖いもの、忌避すべきもの、不幸なものというようにマイナスの面ばかり考えるのは、一つの臆見《おっけん》にしか過ぎません。この観点に立って、ソクラテスは冒頭の言葉を語っています。

ソクラテス／紀元前470 - 紀元前399年（没年71歳）

プラトンの師であり、古代ギリシア世界を代表する哲学者。対話法を用いて、徳（アレテー）の重要性を説き、西洋哲学の源泉となる思想を展開した。しかし、神への不敬罪と若者を堕落させたという罪状でアテネの民衆裁判所で死刑判決を受け、毒杯を飲み、命を絶った。

また、ソクラテスは死を受け入れることよりも、生きて悪をなすことの方が重大な問題だと語っています。アテネという国家が下した「死刑」という判決を受け入れず、国外に逃亡することも彼には可能でしたが、「悪法も法である」と述べ、アテネの法に従わないことを悪と考えました。そして、法に従わない悪を行うことの方が、死よりも重大な問題だと彼は見做したのです。

死と幸福の関係に対する二つの可能性

ソクラテスは「（……）死ぬとは全然たる虚無に帰することを意味し、また死者は何ものについても何らかの感覚をも持たないか、それとも、人の言う如く、それは一種の更生であり、この世からあの世への霊魂の移転であるか」と述べると同時に、死というものが幸福なものである可能性を示す二つの根拠について語っています。一つ目の根拠は、もし死が純然たる虚無に帰することであるならば、死は永遠の眠りとして解釈できることです。つまり、それは永久の安息を得ることです。二つ目の根拠は、死が果てしない旅であって、死者の国には今までに亡くなった人間全てがいるかもしれないということです。この場合、死によって、かつてこの世に存在していたヘシオドスやホメロスといった多くの偉人たちと心行くまで議論できる喜びを得ることができると、ソクラテスは語っています。いずれの場合にも、死は忌み嫌われるようなものではなく、とても幸福なものであると解釈できます。

ソクラテスが、**死の持つポジティブなイメージ**を強調している点は大いに注目できます。死のネガティブな面を語ることなく、ポジティブな面を語ることによって、彼は彼の周りにいる友人や弟子たちに安心感を与えていると共に、死に赴く自分を勇気づけていると考えることもできます。いずれにせよ、この哲人が真摯な態度で死を迎え入れようとしていたことは間違いありません。

無知の知の探究

ソクラテスのこうした態度は、彼の哲学者としての生き方を端的に示すものです。彼はアテネの人々と議論を重ね、自分は何も知らないが、自分が何も知らないことを知っているという「無知の知」の根本性を確信していました。そして、彼は議論をしている人に対して、次から次に反論を繰り返し語ることを通して、ある結論に導いていくという問答法を使いながら、物事の真理に辿り着こうとしました。ソクラテスはこうした対話を通して真理に至ることにこそ哲学の使命があることを、生涯をかけて実践していきました。ですから、著作を残さなかったソクラテスは自らの行動によって哲学をなしたと考えることができます。

ソクラテスは、この探究姿勢を貫いたゆえに、古代西洋思想における最大の哲学者と見做されています。西洋思想史の流れの中で、ソクラテスの問答の方法は弁証法へと展開していき、無知の知も方法論的懐疑という方法へと向かっていきました。弁証法も方法論的懐疑も西洋思想の根幹をなす哲学的方法です。ですから、死という難問に対しても、偉大な哲学者ソクラテスであったからこそ、毅然とした態度で向き合えたのでしょう。

死生観は変化していくものである

今見ていったソクラテスの死生観、あるいは、古代ギリシアの死生観は現代のわれわれが抱いている死生観とは大きく異なります。ソクラテスの考えに従えば、霊魂というものは永遠に続いていくもので、肉体というのはあまり意味のないものだというような印象を持ちます。このような印象を持ってしまうのは、**死生観というものが時代や地域によって大きく変わっていく**ものだからです。

もし霊魂というものが不滅ならば、死は恐れる必要のないものになります。死は不幸なものではなく幸福なものであるかもしれません。しかしながら、この考え方は非常に怖いものでもあります。例えば、太平洋戦争前後に日本の学生たちに大きな影響を及ぼした京都学派の田邊元は、個人の命は有限だけれども国家の理想のために死ねば悠久の大義の下に生きることとなると述べ、国家のために戦争で死ぬことを称賛しました。そして、それが日本の時代精神となり、敗戦まで突き進んでいきました。つまり、死の肯定的側面だけを強調すると、国家主義的イデオロギーにコントロールされてしまい、国家のために死ぬことが絶対的なものという考えが植え付けられてしまう可能性が非常に高くなってしまうのです。それはとても危険なことです。

死という事柄を考える時には、やはり、自分の持つかけがえのない個としての命を犠牲にする戦争という問題は、特に現代においてはとても大きなものであると思います。戦争という問題が絡むと、一人一人の人間の命が軽く見做されてしまう場合が多々あるからです。ですが、そうであるからこそ、逆説的に戦争が死の意味をじっくり考える大きな契機となり得ることも否定できません。

まとめ

❖ソクラテスは死というもののネガティブな面ではなく、ポジティブな面を強調し、それによって自らが直面している死を乗り越えようとした。
❖ソクラテス的な死の肯定は国家至上主義に基づく個人のかけがえのない命の否定をもたらす危険性も孕んでいる。

第3章

死を受け入れる

散りぬべき　時知りてこそ
世の中の　花も花なれ
人も人なれ

辞世の句

武将の妻の死

1600年、ガラシャの夫である戦国大名の細川忠興は関ヶ原の戦いの直前、東軍の徳川家康の命を受けて上杉征伐に出陣しましたが、西軍の石田三成が忠興の留守中に大坂にあった細川家の屋敷を包囲しました。すると、ガラシャはキリスト教の神に祈った後、屋敷内にいた侍女・婦人たちを外に逃がし、自分は屋敷に残って、家臣に介錯させ、命を絶ちました。彼女の死後屋敷には火が放たれました。

この言葉は細川ガラシャが亡くなる前に詠んだ辞世の句です。その意味は、「花は散る時を知っているからこそ、花として美しい。人間もそうであらねばならない。今こそ散るべき時である」というものです。武将の妻としてのガラシャの死への決意が如実に表れている歌であるのではないでしょうか。

細川ガラシャ／1563-1600年（没年37歳）

安土桃山時代の武将の妻。熱心なクリスチャンで、本名は玉。ガラシャは洗礼名。明智光秀の娘で、細川忠興に嫁ぐ。聡明な女性であったと言われている。夫の忠興が徳川方についたため、関ヶ原の戦いの前に人質として大坂城に入ることを拒み、屋敷を豊臣方の軍勢に囲まれ、家臣に命じて、命を絶った。

自殺を禁じられたキリスト教者

ガラシャが自殺しなかったのは、彼女がキリスト教徒だったからです。キリスト教では生命というものは神様から預かっているものであり、それがいつ終わるかは神様のみが知っていると考えます。ですから、自ら死を選ぶことは神を冒涜する罪なのです。

しかしながら、ガラシャは自分が三成の人質になれば、夫である忠興が窮地に追い込まれることをよく知っていました。それゆえ、家臣である他者が手を下すことによって死ぬという方法を選びました。それが、キリスト教者であることと、武将の妻であること、そのどちらも両立させる方法でした。

死の美学

戦国時代は生と死が隣り合わせの時代でした。そうした時代に生きた武将だけではなく、その家族も「美しく散る」という意識を持っていました。それは無常観に通じるものであると言えるかもしれませんが、一つの美学であったと考えることもできます。侍の妻として儚く散っていった美しきマダム・ガラシャ。彼女の心には異国の神が宿っていた。その死には、まさに、滅びの美学が存在していたのではないでしょうか。

19世紀フランスの詩人シャルル・ボードレールは有名な詩集『悪の華』の中に収められた「通り過ぎた女」という詩の中で「一瞬の稲光…、そして、夜！――逃げ去る美よ／その視線の中で私は突然再生した／私はもはやあなたを永遠の中にしか見ないだろうか？[*]」と詩っていますが、この詩句の向こう側にガラシャの姿を見ることは、恣意的なものでしょうか。儚さゆえに、無常観を超えて、イメージの中で、永遠に生きる女性。死の美学は、われわれにノスタルジックで、もの悲しく、不思議なペーソスを誘います。

まとめ

❖細川ガラシャは武家の子女としての名誉と、キリスト教徒として自殺を禁じられていたという定めとを両立させるために家臣に命じて、命を絶った。

❖ガラシャの死には滅びの美学というものが存在している。そうした姿勢にわれわれ日本人はしばしば儚さと哀惜を感じてしまう。

＊Les Fleurs du Mal, Charles Baudelaire, Gallimard（collection folio classique）より髭郁彦が翻訳

死とは
死によって
すべてから**去**るもので
あるとすれば、
すべてから
去られるときも
死であるといって
よいに**違**いない。

『月山』より

生きていても全ての人から忘却された人生

死を巡る考えの一つに、「人が本当に死ぬ時は肉体が滅んだ時ではなく、その人を誰も思い出さなくなった時である」というものがあります。つまり、その人が誰かから思い出される限り、その人は生きているということです。こうした考えは古今東西を問わず、多くの作家や思想家などにより述べられてきました。

去る者は日々に疎し。あんなに強く思った人でも時間の流れと共に、徐々に記憶の闇の中に埋没していきます。しかし、全てがそうであると言えるでしょうか。簡単に忘れ去ってしまう人は、翌日になったら消える浅い雪のようなものです。本当に思った人は、心の中に氷河のように消えずに残ります。全ての人から忘れられずに死ぬことは不可能ですが、**僅かな人の心の中にでもずっと生き続けられる死**を迎えられれば、それだけで幸せな人生と言えるのではないでしょうか。

森敦／1912-1989年（没年77歳）

長崎市生まれの小説家。戦前から朝鮮半島や日本国内を転々とするが、戦後山形県にも在住。酒田市や鶴岡市のある庄内地方で過ごした経験から『月山』、『鳥海山』などの代表作を残すことになる。1974年に芥川賞受賞。62歳での受賞は、2013年まで最高齢での受賞だった。

一方、生きていても全ての人から忘れ去られている人生もあります。それは掲出の言葉に従えば、すでに死を迎えていると同義です。『月山』の主人公が泊まる注連寺《ちゅうれんじ》の念仏講に参加する人々は、生きる目的や人生の希望、そして全ての欲望をなくした、独り身の高齢者たちです。彼らは「亡者」とも言えます。同時に主人公自身も、一冬、月山に隣接する湯殿山麓の寺に籠って、友人とも、近親者とも縁を切り、寺の周囲の者としか接触せず、豪雪の中、俗世間から離れ、死を見つめる物語を織り成していきます。

出羽三山に見る死生観

この小説は「未だ生を知らず　焉《いずく》んぞ死を知らん（Ｐ２２８参照）」という孔子の言葉で始まります。一般的解釈をすれば、その意味は、生は判らず、まして死のことなど誰も未体験なので判らない。したがって、今を一生懸命に生きるべきというものです。しかし、この物語では、主人公は判らないはずの死の世界をまざまざと体験します。

山形県中央部に位置する出羽三山。これらの山は海側の庄内地方に開かれており、物語も庄内弁を話す庄内（鶴岡市や酒田市など）の人々によって展開されます。出羽三山を形成する三つの山（羽黒山、月山、湯殿山）は１４００年以上前から信仰の対象になっていました。羽黒山は現世の幸せを祈る山、月山は死後の安楽と往生を祈る山――死の象徴であり死者の赴く山、湯殿山は命が再生し後世の幸せを祈る山とされています。そのため、出羽三山は「生まれ変わりの山」として、現世利益や死後の安寧を求めて、江戸時代から山伏や一般の参拝者などが数多く訪れる場所になっています。

　こうした山岳信仰と神仏習合による信仰が古くからあった出羽三山に、著者・森敦は魅了されました。森は長崎県出身ですが、各地を彷徨った末、この地に長く住み、そこで出羽三山の不思議な魅力に触れ、『月山』を執筆。この作品で芥川賞を取っています。

死の山で、死という曖昧な世界に向き合う

　この『月山』は、真冬に月山の麓の寺に、素性も知れない主人公が、寺男の「じさま」と共に寺に籠って一冬を過ごすという話です。主人公は、死の世界を思わせる外の猛吹雪と寺の中の自分の生きている場所という、生死の境界で生活するという体験をします。それは**生という内部と、死という外部の境界が曖昧になった世界**です。主人公は現実から閉

鎖され幽冥な世界で過ごさなければならない状況に陥ります。
舞台になった庄内地方の風俗と独特の方言が、その不可思議な様相を深化させていきます。実際、湯殿山では南北朝時代から修行僧が何人も断食をして即身仏（ミイラ）になっています（近年は村上春樹の『騎士団長殺し＊』でも言及されています）。小説では主人公が、現地の人々が行き倒れの物乞いをいぶしてミイラにするという噂も聞きます。また、この地方の人々は主人公に冷たい視線を向けながら、密造酒の製造に精を出します。このように主人公のいる山は、聖と俗の渾然一体となったトポス（場）なのです。

この物語は、主人公の身の上に、結局特別な出来事が起こらず終わります。冬が過ぎ、何事もなかったかのように主人公は山を下ります。しかし、確実に彼は死を見つめたのです。

ほとんどの宗教や信仰には、生と死のドラマがあります。日本の山岳信仰や仏教思想も例外ではありません。そして、それを深く追求し、死に至った即身仏がいまだに現存する場が出羽三山です。この三山の中で主人公は、生きながら死に向かい「此の世ならぬ幽冥の世界」に対峙したのです。そこは「生死一如」とも言える世界でした。

＊『騎士団長殺し：第1部　顕れるイデア編』村上春樹、新潮社

主人公の籠った注蓮寺は厳密には再生の場である湯殿山にあります。このことから見ても、主人公は死を経て再生を果たして春を迎えたと言えます。

まとめ

❖人は忘れ去られない限り、死んではいない。皆に忘れ去られる時に初めて本当の死が訪れる。

❖山は時に生と死との境界地となり得る。特に冬の月山は死者の赴く山であり、そこで寺に籠って過ごすことで、生と死の曖昧な境界線にある日常生活から遠く離れた世界を体験することとなる。

わたしの目は閉じ、
死の眠りの中に
溺れてゆきます。

『牧歌・農耕詩［新装版］』より

古代ローマ期を代表する詩人の叙事詩

古代の修辞学の完成はヴェルギリウスの叙事詩に負うところが大きいと言われています。ヴェルギリウスの三大叙事詩『牧歌』、『農耕詩』、『アエネイス』は、それぞれが代表的な単純体、中庸体、崇高体を表しています。単純体は牧人の語る言葉、中庸体は農夫の語る言葉、崇高体は武将の語る言葉で書かれています。それぞれの語りを示す文体は、関係する動物や住む場所も、関係する道具や植物も異なって描かれています。

一例を挙げましょう。単純体で書かれた叙事詩で数多く語られる動物は「羊」で、中庸体では「牛」で、崇高体では「馬」です。ヴェルギリウス以降の古代の文学者は彼のこうした文体的特徴をモデルにして作品を書きました。このように文体と登場人物との関係、文体と空間性との関係を確立させたゆえにヴェルギリウスは、古代

ヴェルギリウス／紀元前70-紀元前19年（没年51歳）

古代ローマを代表する詩人。多くの優れた叙事詩を創作し、ラテン語で書かれたラテン文学の黄金期を作り出した。ヨーロッパ文学史上、最も重要な文学者の一人とされ、ダンテなど後世の文学者にも大きな影響を与えた。代表的作品としては『農耕詩』の他に、『牧歌』や「アエネイス」などがある。

ローマ最大の詩人として称賛されました。

『農耕詩』の概要

「わたしの目は閉じ、死の眠りの中に溺れてゆきます」という言葉は、ヴェルギリウスが『牧歌』の次に著述した叙述詩『農耕詩』に書かれています。『農耕詩』は四部構成になっており、その中心テーマは農作業ですが、農耕に関係する記述がなされていく中で、愛、死、戦争、災害といった古代ローマの人々が経験した劇的な出来事も語られています。またそこには、古代ローマの人々の生活の声もこだましています。

ここで挙げた冒頭の言葉は、第四部の終わり近くにあるものです。オルペウスが黄泉の国から妻エウリュディケーを連れ戻そうとし、地上がもうすぐそこである時に、冥界の王プルートーとその妻と交わした約束を破り、後ろを振り返ったために、エウリュディケーは消え去ってしまいます。そのとき、消え去る前に彼女が発した言葉が冒頭の言葉なのです。永遠の別れである死の悲しみとその深淵さがよく表現された言葉であると思います。

『神曲』に描かれた詩人

　ヴェルギリウスを最も高く評価した後世の詩人にダンテがいます。『神曲』の中で、ダンテに地獄と煉獄を案内する人物として登場するのがヴェルギリウスです。しかしながら、天国の道案内はベアトリーチェ[*1]が行います。それは何故でしょうか。それはヴェルギリウスがキリスト教徒ではなく異教徒だったからです。ダンテの頃のキリスト教にプロテスタントはなく、カトリックだけです。プロテスタントの考えでは天国と地獄しかありませんが、カトリックでは天国と地獄の間に煉獄という場所があります。煉獄は天国に行けるかどうかを決める場所で、裁判の判決を待つ拘置所のような所と考えればいいと思います。ヴェルギリウスがどんなに素晴らしい人であろうともキリスト教徒ではないために天国に行くことを拒否され、煉獄までしか行けなかったのです。

　このように見ていけば、ダンテがキリスト教の考えを非常に重視したということが判るのではないでしょうか。どれだけ高潔でも、どれだけ偉大でも、その人がキリスト教を信じていなければ、天国という最高の場所に行くことは不可能なのです。言葉を変えて言う

*1 ダンテが幼少のころ出会い、恋をした女性。24歳で夭折した

なら、救われるのはキリスト教徒だけなのです。

古代ローマ人の死生観

古代ローマ人の死生観をもう少し詳しく見てみましょう。「わたしの目は閉じ、死の眠りの中に溺れてゆきます」という死生観は、少し乱暴に言えば**「死んだら終わり」という考え方**です。キリスト教を国教とする以前の古代ローマ人は天国に行って救われるという考え方はまったくしていませんでした。それゆえ、「わたしの目は閉じ、死の眠りの中に溺れてゆきます」と思っていることが、ダンテの『神曲』において、ヴェルギリウスが天国に行けない大きな理由となったのです。

古代ギリシアや古代ローマの人々はヨーロッパ文明にとって欠くことのできなかった礎を築きました。現在ある西洋式の哲学、文学、科学、医学、建築学といったものは彼らの努力なしには存在できなかったでしょう。それゆえ、ヨーロッパの土台の一つとしてヘレニズム[*2]があると言われているのです。ですが、彼らの持ち得なかったものがあります。それはユダヤ教的・キリスト教的な世界観、つまりは、ヘブライズムです。

*2 古代オリエントとギリシアの文化が融合した「ギリシア風」の文化

ヘブライズムはヨーロッパの宗教的な基盤であるだけではなく、倫理、道徳、教育といったもののベースとなりました。つまり、西欧的なものは、ヘレニズム的なものとヘブライズム的なものとが融合されて初めて誕生することができたものであると言えます。

キリスト教徒が少数派の日本ならば、「わたしの目は閉じ、死の眠りの中に溺れてゆきます」という言葉の中に仏教的な無常観を感じる人が多いかもしれません。ですが、キリスト教の世界観が浸透した後のヨーロッパにおいて、こうした考え方は異端的な排除されるべき思想として捉えられているという点を理解する必要があります。

まとめ

❖ヴェルギリウスはダンテが『神曲』の中にも描いている古代ローマ最大の詩人だが、彼の叙事詩には古代ローマの死生観が色濃く反映されている。

❖ヴェルギリウスの死生観は、天国や救済ということを説いているキリスト教的世界観では、異端的な考え方である。

あらゆる神の属性中、
最も神の為に
同情するのは
神には自殺の出来ない
ことである。

『侏儒の言葉』より

神の絶対性への疑問

芥川龍之介はキリスト教徒ではありませんでしたが、生涯に亘ってキリスト教に強い関心を寄せ、『悪魔と煙草』、『奉教者の死』、『きりしとほう上人伝』、『るしへる』、『神々の微笑』、『南京の基督』といった切支丹物と呼ばれる小説を多数書いていますし、死ぬ前に書いていたエッセー『西方の人』もキリスト教と深く関係する内容のものです。芥川はキリスト教の神だけでなく、どのような宗教の神も信じていなかったでしょうが、彼の作品を読むと神という存在について常に熟慮していたことが判ります。

掲載した言葉は、芥川のアフォリズム[*1]集である『侏儒の言葉』に登場するものです。

アフォリズム集ですので文脈はなく、この言葉が突然現れますが、キリスト教だけでなく、仏教やその他の宗教に対しても深い思索を

芥川龍之介／1892-1927年（没年35歳）

大正期から昭和期にかけての文壇の中心的な存在であった作家。夏目漱石に認められ、文壇デビュー。理知的で、巧みな内面描写は高く評価された。新鋭作家の登竜門である芥川賞は彼の名に因んでいる。代表的な小説としては、『羅生門』、『地獄変』、『河童』、『或阿呆の一生』などがある。

*1 物事の真実を短く端的に表現した語句

行った芥川らしい言葉であると言えます。

神が自殺するなどという発想はキリスト教信者ではまったく思いつかないものでしょう。いや、キリスト教信者でなくとも、ユダヤ教徒でも、イスラム教徒でも考えもしないのではないでしょうか。しかし、敢えてこう語ることによって、神という存在の絶対性を否定して、神が崇高な手の届かない存在ではなく、自分と同じような存在として、芥川は語っているような気もします。

文学者と自殺

ところで、ドイツの哲学者ショーペンハウエルは『自殺について』という著作の中で、『博物誌』を書いたことで有名な古代ギリシアのガイウス・プリニウスが「（……）神は、たとい彼がそれを欲したとしても、自殺することができないのだ[*2]」と述べていると書いています。プリニウスのこの言葉は芥川のものとそっくりではないでしょうか。もしかしたら、芥川はプリニウスの著作を読んでいたかもしれませんが、詳細は判りません。

芥川の他に自殺した日本の近代文学者を思い浮かべてみると、北村透谷、川上眉山、金

*2『自殺について』ショーペンハウエル、斉藤信治訳、岩波文庫

子みすゞ、太宰治、田中英光、原民喜、火野葦平、三島由紀夫、川端康成などを挙げることができます。今挙げた文学者だけでなく、もっと多くの文学者が自殺していますが、自殺の理由はそれぞれ異なります。なかには皆さんが共感する理由もあるでしょう。しかしながら、ショーペンハウエルは『自殺について』で、自殺に反対しています。その理由は、「(……)自殺はこの悲哀の世界からの真実の救済の代りに、単なる仮象的な救済を差出すことによって、最高の倫理的目標への到達に反抗することになるものである[*3]」というものです。**自殺にはやはり、人間が担わなければならない大切な何物かを放棄するという負の側面がある**点を、ショーペンハウエルは強調しています。

不滅である神と私という小さな存在

一神教の神は不変であり、不滅であると言われています。絶対的な存在で、全てを行うことが可能であるとも言われます。しかし、この考え方をよく検討してみれば、矛盾があることに気付きます。何故なら、不滅であるならば、自殺ができず、自殺ができないならば、全てを行うことが可能ではないからです。宗教的問題に論理的な真偽値を導入するこ

*3 前掲書

とに異議を唱える宗教者もいますが、芥川は宗教者ではなく、文学者です。ですから、彼の言葉は文学者としての警句として解釈すべきです。

神に対する信仰を示す言説は各宗教ごとに数多くありますが、その一つ一つを論理的視点から厳密に分析したならば、必ず矛盾や非論理的な点が発見されます。それでも、信者は自分の信じる宗教を信じ続けます。ですから、カール・マルクスが「それ（宗教）は民衆の阿片である[*4]」と言って、宗教のリスクを指摘したことにも、一定の正当性があると言えるかもしれません。しかし、ここで指摘したい事柄はそういった問題ではありません。芥川が神の存在の絶対性に対するアンチ・テーゼとして、自殺というものを出したという点です。

ご存じのように、芥川は１９２７年に服毒自殺しました。晩年の彼は絶えず自殺を考えていたようですが、神という形而上学上の事象に対しても自殺というあまりにも人間的な事象をぶつけてきたことには間違いなく意味があるように思われます。人間である私は神という大きな存在に比べれば、あまりにも小さな存在です。その小さな存在である私であっても、神のできないことを行うことができる。それは自殺である。論理的であると同時に

*4『ユダヤ人問題によせて / ヘーゲル法哲学批判序説』カール・マルクス、城塚登訳、岩波文庫

ニヒリスト的側面を持っていた芥川が、自分が神を超えられるとしたならば、それは自殺であると考えたという見方は的外れの解釈かもしれませんが、そう思わせる作品を芥川は数多く書いています。

まとめ

❖芥川は神の絶対性に対する疑問を自殺という側面から問いかけているが、そこにはニヒリズム的側面が反映されている。

❖神という存在に服従することなく、神を乗り越えるために、芥川は自殺という事柄を提示したかもしれない。そこには芥川の批判精神が垣間見られる。

死人を死んだと思うまい。
生ける命のあるかぎり、
死人は生き、
死人は生きていくのだ。

『ゴッホの手紙〈中〉テオドル宛』より

情念の人ゴッホ

　情念の人フィンセント・ファン・ゴッホは、絵画に自らの存在性全てを賭けた人ではないでしょうか。彼の激情、爆発力、強靭さ、暴力性、ダイナミズム、そうしたもの全てが彼の作品に表現されています。フランスの象徴主義詩人のポール・ヴェルレーヌは「詩の技法」という詩の中で「何よりもまず音楽を[*1]」と書いていますが、ゴッホにとっては「何よりもまず絵画を」だったと私には思われます。キャンバスに描かれたものがゴッホの生存性そのものであって、キャンバスに塗り込められた厚く激しい絵の具のタッチは、彼の世界へ向けた叫び声そのものでした。

　ゴッホは「炎の画家」とも、「狂気の画家」とも形容されていますが、私は「絵画の中に生きた画家」だと感じます。西洋絵画史の流れから遠く離れて、自身の見つめたオブジェの中に隠されている強烈な

フィンセント・ファン・ゴッホ／1853-1890年（没年37歳）

19世紀後半、オランダの後期印象派の画家。牧師の家に生まれ、様々な挫折と苦難を味わった後、26歳で画家を志す。その後、亡くなるまでの10年間で850点近い作品を遺したが、画家としての名声の確立は死後であった。代表作として「アルルの跳ね橋」、「夜のカフェ」、「タンギー爺さん」などがある。

*1 Jadis et naguère : poésies…（Éd. 1884）, Paul Verlaine, Hachette BNF（この部分の訳は髭郁彦）

存在性をキャンバスにぶつけ続けた画家、それがゴッホだったのではないでしょうか。「ひまわり」、「ローヌ川の星月夜」、「アルルの寝室」、「オーヴェルの教会」といった作品は、このことを明白に示しています。

アルトーのゴッホ論

ゴッホの奇行は有名でした。一晩中徘徊する。絵の具を食べてしまう。最も有名なものは耳を削ぎ落としたということでしょう。こうした奇行によって、彼は精神病を患っていたと解釈する人が沢山います。しかしながら、20世紀のフランスの文学者アントナン・アルトーは『ヴァン・ゴッホ』の中で、「ヴァン・ゴッホは、本来の意味での錯乱状態のために死んだのではない。身をもって、或る問題の場となったために死んだのだ[*2]」と書いています。この問題とは何でしょうか。アルトーは「ヴァン・ゴッホは、全生涯を通じて、異様な力と決意とをもって、彼の自我を求め続けた[*3]」と述べています。

アルトーに従えば、ゴッホは狂人ではなく、絵画史と対決し、定式化されたオブジェの描き方に真正面から反逆し、物の存在そのものとしての本質を問い続けた画家です。そし

*2『ヴァン・ゴッホ』アントナン・アルトー、粟津則雄訳、ちくま学芸文庫
*3 前掲書

て、それこそがゴッホの自我でした。彼は絵画作品制作を通して、生涯自らが求めるオブジェの存在の根源を探求し続けた画家であったのです。

死んだ人々はご先祖様として残っていく

「死人を死んだと思うまい。生ける命のあるかぎり、死人は生き、死人は生きていくのだ」という言葉は、ゴッホとテオとの間で交わされていた往復書簡の中で、ゴッホがテオに書いたとされるもの。彼がこの言葉を書いた真意は、恐らく「ある人間が死んだとしても、それ以外の人が生きて、その死んだ人のことを考えてくれるなら、その人は本当の意味では死なないのだ」ということでしょう。

　つまり、本当に人間が死んでしまうのは、その人を覚えている人がいなくなった時である、ということです。

　確かに、ゴッホのように作品を遺すことができた人は、死後もずっと考えてくれる人がいるわけですから、本当の意味では死ぬことはないかもしれません。しかし、それでは作品を遺すことができなかった市井の人々はいつかは忘れ去られてしまって、「存在しなかった」ことになるのでしょうか。

ここで、日本の祖霊信仰について考えたいと思います。祖霊信仰とは、死んだ人びとは、山などにのぼっていき、個性を持った形で「お父さんの霊」「おじいちゃんの霊」として漂っており、それらが数十年経つと祖霊同士が融合していき、個性を失うと共に集合体としての「ご先祖様（祖霊）」という抽象的な存在へと昇華するという考え方です。**市井の人々は、このご先祖様という形で、今も私たちの意識の深いところ、つまり、潜在意識に残り続けている**のではないでしょうか。

この世界は、無名な人も有名な人も、生きている人も生きていた人も、全てをひっくるめた相互連関の関係の中で成り立っています。われわれは歴史に残る人（芸術家などの表現者や政治家、英雄など）のところで歴史を見てしまいがちですが、そうではない祖霊信仰の概念もゴッホの言葉と同様に知っておくべきではないでしょうか。

まとめ

❖炎の人ゴッホは絵画世界を変革し、新たな絵画世界を作り出すために、狂人的な情念を持って作品を作り続けた。

❖たとえ死んでも、誰かの記憶に残れば、その人は死んだことにはならないとゴッホは考えたが、その土地に根付いた霊的な信仰心も死者を忘れないために必要なものだ。

私を殺すこの世界から
私を解き放つことによって、
死は、実際、この現実世界を
「死にゆく自我」の非現実性の
なかに閉じ込めるのだ。

『内的体験』より

反合理主義思想

ジョルジュ・バタイユは、青年期まで持っていたキリスト教への強い信仰心を捨てて、西洋合理主義思想に対して異議申し立てを行い、西欧の正統的な近代理性主義哲学が顧みなかった問題を探求していったことで有名な思想家です。

近代理性主義哲学が見捨てた対象とは、合理的な知によっては推し量ることができない、恍惚感、至高性、神秘性、不可知性といったものです。西洋の近代哲学は理性というものの存在を最高のものとして、近代文明を築いていきましたが、それによって犠牲とされた今述べたような非合理なものの価値を再認識しようとした思想家がバタイユでした。

それだけではなく、バタイユはかなりエロティックで、反道徳的と評された小説も書いています。それゆえ、彼は、異端の、特殊な

ジョルジュ・バタイユ／1897-1962年（没年64歳）

フランスの思想家・小説家。熱心なカトリック信者であったが、無神論者に転向、神秘主義的思想を展開していった。1946年に人文科学総合雑誌『クリティック』を創刊。ポスト構造主義の思想家にも大きな影響を与えた。代表作としては『眼球譚』、『マダム・エドワルダ』、『エロティシズム』などがある。

思想家であり作家であると見做されていましたが、西洋近代の枠組みが崩れ、新たな基盤を生み出そうとしたモーリス・ブランショ、ジャック・デリダ、ジル・ドゥルーズ、ジャン＝リュック・ナンシーといったポストモダンの思想家たちによって再評価されました。

バタイユの思想はドイツ観念論から実存主義へと向かった存在論的哲学とも、構造主義的な認識論的哲学とも大きく異なるものです。彼は西洋思想が重んじてきた知（savoir）という問題から如何に離れて、存在の根源に向かうのかということを考え続けました。それと共に、かつては深く信じていたキリスト教の神というものに対しても鋭い批判の眼差しを向けて考察していきました。そして、神、死、時間、法悦（エクスタシー）といった問題性に対する新たな考察の可能性を絶えまず探求し続けました。

死は解放である

冒頭の言葉は、このような哲学的な道を歩んだバタイユが書いた『内的体験』（初版が発行されたのは１９４３年）の中にあるものです。この本は『有罪者』と『ニーチェについて』と共に『無神学大全』という総称で呼ばれていますが、完成された著作ではなく、前後の論理性を欠いた部分やアフォリズム的な部分、随筆的な部分が混在している本です。そのため、『内的体験』の主要テーマというものを的確に提示するのは容易なことではありませんが、バタイユはこの本の中で死という問題を様々な角度から何度も取り上げています。

ここで、冒頭にある言葉の意味について考えてみましょう。私という存在を殺す世界とは現実世界でしょう。そして、そこから離れることが解放であるとすれば、それは**死が救済であり、死が別な世界への旅立ちを示している**からではないでしょうか。

しかし、「私を殺す」や「非現実性のなかに閉じ込める」といった表現は、プラスの側面ではなく、マイナスの側面を語っているように聞こえます。このアンビバレントな表現は理性的な論証性を基にしては、上手く理解することができないように私には思われます。ただ、このバタイユの言葉には彼が強く否定したはずのキリスト教的な世界観が色濃く反映しているように感じられます。

キリスト教的側面を持つ反キリスト教者

バタイユは反キリスト教的な思想家であると思われています。しかし、それは正統的なキリスト教の考え方とは大きく異なった解釈をキリスト教的なものに対して行ったからではないでしょうか。『内的対話』には、バタイユがイタリアのある町で体験した以下のような逸話が書かれています。

彼はリューマチの痛みに耐えて逗留した町で、湖を前にして花が咲き誇っている庭園にある棕櫚の木の下に座っていた時、拡声器から流れるミサのコーラスを聞いたのでした。コーラスの歌声に魅了されたバタイユは、そのコーラスに対して抱いた感情を、「キリスト教的苦悩などは少しもなく、人間というものが数知れぬ困難を克服してきた（…）、その天与の能力に対して狂喜する気持ちのみであった」と書いています。

バタイユが否定したのは、キリスト教が忍従を強いるという側面がある点であって、恍惚とする宗教的高揚感の崇高性は認めていたのです。神に対しても、バタイユは「（…）神は万事に無知であるようにして、神自身についても無知である。もし神が自身に対しておのが正体を暴くとすれば、神は自身を神として認めねばならなくなろう。だが神はそんなことは一瞬たりとも許容できはしない。神は自身の虚無についてしか認識を持たない。だからこそ神は深く無神論者なのだ」という興味深い指摘を行っています。

彼はこの世界に干渉しない、服従を求めることのない神を求めていたのかもしれません。キリスト教にはそうした面も存在しています。ですから、彼はキリスト教的側面をもった反キリスト者だったと言えるかもしれません。

至高性の問題

先ほど、バタイユの中心的探究課題として恍惚感、至高性、神秘性、不可知性といった問題を挙げましたが、この中でも、バタイユの思想を考える上で、至高性という概念は特に注目すべき問題です。

ジャン＝リュック・ナンシーは『無為の共同体——哲学を問い直す分有の思想[*1]』という著作の中でバタイユの至高性という概念を「(…)至高性とは、自ら現前することもなく同化（偽装）されることもなく、与えられることさえない——むしろ存在者がそれに

*1『無為の共同体——哲学を問い直す分有の思想』ジャン＝リュック・ナンシー、西谷修・安原伸一朗 訳、以文社

委ねられている――ある過剰（ある超越）へと至高に露呈することなのである[＊1]」と述べています。かなり難解な言説ですが、自らを外に向かって投げ出すことで、現にある自分以上の何かになろうとすることというように理解できます。

そして、至高性に向かうということについて、ナンシーは、「（…）バタイユの語る『内的体験』には『内的なところ』や『主観的なところ』はいささかもなく、むしろそれは共約不可能な外とのこうした関係（絶対的外部性との関係）の体験と不可分である[＊2]」と述べています。ナンシーの説に従えば、バタイユの内的体験は至高性へと向かうことです。そしてその一つとして死というものがあるとバタイユは考えていたと思われます。

＊2 前掲書

まとめ

❖バタイユは現代における代表的な反キリスト教思想家であると見做されているが、彼の思想の基底部分にはキリスト教的な部分が多数存在している。

❖バタイユ思想の中心概念である至高性は、自己の存在を外へと脱出する方向性を表しているが、彼はその一つの形態として死を捉えている。

死とは人生の続きであり、
また、人生を完成させるだけでなく、
体をお返しするに過ぎないのです。
しかし、**心**と**魂**はずっと
永遠に生き続けます。
死なないのです。

『マザー・テレサ 日々のことば』より

魂の永遠性

１９１０年、現在の北マケドニアの最大の都市であるスコピエにおいて、アグネス・ゴンジャ・ボヤジュという名で、裕福なアルバニア人家庭の娘として生まれたマザー・テレサ。貧しい人々を救済しようと努めた彼女は、世界中の人々からその行いを賞賛されました。そして、彼女は１９９７年のノーベル平和賞受賞をはじめとして、数多くの賞を受賞しました。彼女の高潔な行いは世界中の哀れな人々、不幸な人々に大きな希望を与えましたが、彼女は病気や貧困で喘ぎ、あの世へと旅立っていった沢山の人々を看取った修道女でもありました。

　貧しい人や重い病気に苦しんでいる人のための救済運動を、マザー・テレサはインドで生涯に亘って行い続けました。この聖女は１９５０年に「神の愛の宣教者会」を設立し、家のない貧しい人に住む場所を与え、難病で死を待つだけの人に人間としての尊厳を教えました。彼

マザー・テレサ／1910-1997年（没年87歳）

20世紀においてカトリック教会を代表する修道女。インドにおいて貧者やハンセン病患者などの救済のために生涯を捧げた。シュバイツァー賞、ノーベル平和賞など多くの賞を受賞。彼女が設立した「神の愛の宣教者会」は、世界中で貧困者や難病者の救済活動を行っている。

女はこうした活動によって、死後、２００３年にローマ教皇（当時）ヨハネ・パウロ２世によって聖人に列せられました。

どうすることもできず、ただ死を待つだけの人を前にして、マザー・テレサが抱いた思想は掲載した言葉の中によく表されていますが、この言葉の中にはカトリックの重要な死生観の一つも垣間見られます。それは肉体的な死が人間にとっての終焉ではなく、魂が天の国において生き続けるという考えです。そこには彼女の考える救済の思いと、彼女の神への信仰が強く込められています。もっとも、**肉体が滅びても魂が残るという考えは、後ほど詳しく述べますが、キリスト教の中にあるグノーシス思想の残滓**です。

マザー・テレサが多くの年月を過ごしたインドでは、極度の貧困に苦しむ人たちや、目の前にある死に向かって生きているだけの重い病気に苦しむ人たちが数多く生活しています。あまりにも悲惨な状況であるために、医療行為や救済物資といったものだけでは、こうした人々に救いを与えることはできません。それゆえ、彼らには信仰による救いが必要になります。冒頭のマザー・テレサの言葉は、神を信じる弱者や病人の心の中に明るい光を灯すことができる希望の言葉として解釈することができます。

グノーシス主義とネオプラトニズムの影響

マザー・テレサのこのような考え方の源泉には、グノーシス主義とネオプラトニズムという古くから存在しているキリスト教以外の思想が影響を及ぼしています。グノーシス主義は1世紀にギリシア文化圏で誕生した、魂と肉体とは別なものであるという二元論を主張した思想です。ネオプラトニズムは古代ローマ支配下のエジプトの哲学者であるプロティノスによって、3世紀に成立した思想で、プラトンのイデア論を徹底化して、「万物は一者から流出したものである」とする考え方です。この二つの思想が結びつくことによって、**肉体が滅びても魂は永遠に生き続けるという考え方**が生まれました。

このような思想をキリスト教に導入していったのが、ローマ末期の神学者アウグスティヌスです。彼は神の国と地上の国との違いを強調し、地上の国から離れ、神の国に向かった魂はそこにおいて永遠の命を生きると説きました*。その後、この思想はカトリック思想の中に深く入り込んでいきました。掲出のマザー・テレサが述べている言葉も、アウグスティヌスのこの思想を強く反映しています。

*『神の国（聖アウグスティヌス）』アウグスティヌス、服部英次郎・藤本雄三訳、岩波文庫

キリスト教の根本的な死生観

しかし、キリスト教徒と言っても、私のようなプロテスタントの信者は、マザー・テレサのような考え方はしません。プロテスタントは元々あるキリスト教の考え方、つまりは、聖書に書かれた考え方を重視します。例えば、イエス・キリストは死後に、一度肉体が滅び、魂も滅びたと考えます。そして、滅びた後にイエスは「復活」したのだと考えるのです。それが聖書の中にある基本的な教え方です。イエスは死んで、肉体から解放されて、永遠の魂を得たのではありません。復活したのです。この点が重要なのです。

キリスト教の歴史という面から見れば、プロテスタントの思想は、元々キリスト教にはなかったけれども、後になって導入されたグノーシス主義やネオプラトニズムといった思想の影響を強く受けた側面を切断するという作業に注力してきました。異端の思想と合成して作り上げられた思想を純化して、元来のキリスト教に戻すという役割をプロテスタントは担ったのです。

しかしながら、マザー・テレサ的な死生観を持つ聖職者や神学者はプロテスタントの中にも少数ですが存在します。例えば、スイスの有名な神学者であるカール・バルトはマザー・テレサに近い考え方をしています。バルトは現代社会の根本的な間違いは、人間存在の中心を魂の乗り物にしか過ぎない肉体に置いたことにあると主張しています。この誤謬を修正するためには魂を第一に考えるべきであると述べています。同時にバルトは死後、魂が生き残り、蝶のように空を飛んでいるというような虚像は誤りであるとも述べています。肉体が滅びれば、魂も滅びるのです。

まとめ

❖マザー・テレサの説く魂の永遠性はキリスト教元来の思想と言うよりも、グノーシス主義やネオプラトニズムに近いもので、復活や再生という問題からの逸脱がある。

❖貧しき人や重い病の人を救済するためには、非キリスト教的な考え方の導入も必要であったと考えられる。

世の中は
起きて箱して
寝て食って
後は死ぬるのを
待つばかりなり。

不詳

諦観と自己肯定

　現在でもよく知られている僧侶である一休宗純は、晩年になるまで定住せず、地位や名誉とは無縁に諸国を行脚した人でした。その一休が語っているからこそ、この言葉には重みがあると言うことができます。人間の一生は、煎じ詰めれば、確かに朝起きて、排便（箱）して、食事をし、寝て、そして、死ぬというだけのものです。それはどんなにりっぱな人間の人生でも変わりません。

　では、そうした**人間の一生は無意味なものでしょうか**。一休はそうは考えなかったからこそ、この言葉を語ったように思われます。

　一休の言葉の中にある思想は、実存主義的な視点から見れば、ニーチェ的な能動的（積極的）ニヒリズムの表現であると言い換えられます。生きる事の全てが無駄であり、空しいとただ単に考える受動的（消極的）ニヒリズムをニーチェは強く否定し、積極的ニヒリズムを主張

一休宗純／1394-1481年（没年87歳）

室町時代の臨済宗の禅僧。幼少の頃から聡明であったが、全国各地を巡り、貴賤の区別なく布教を行った。洒脱で奇行もしばしば行ったことでも知られている。著書としては『自戒集』や『狂雲集』などがある。『一休ばなし』などによって、多くの人々に知られ、敬愛されている。

しました。キリスト教的でプラトンのイデア論的な彼岸を理想とする考え方や、神やイデアといったものに絶対的価値があるという考えを、積極的ニヒリズムは否定して、彼岸ではなく「今、ここにある」という存在性を能動的に引き受けながら、力強く前進していこうとします。この積極的ニヒリズムの文脈から、一休の言葉を読むと、そこには諦観ではなく、あらゆるヘゲモニー[*1]を否定しながらも、**自己存在を積極的に肯定する**ことを、一休は重視したことが見えてきます。

無常の向こう側へ

仏教思想の中には「無常」という概念があります。それは、この世の一切のものは必然的に儚く消えゆくものであるという考え方です。この世が無常であるから、仏の救済が必要であるという主張を多くの仏教者たちは長い間、行ってきました。しかし、現実よりも極楽浄土を夢見るという発想は、プラトン的イデア論やキリスト教的な神の救いを想起させます。そこにニーチェの述べている消極的ニヒリズムを見出す人もいるかもしれません。一休は仏教における消極的ニヒリズムを否定しました。言語による否定だけではなく、

*1 覇権（hegemony）。ある国が他の国、あるいは他の国々に対して、優位に立ち、影響力を行使している状態

行動においても否定しています。由緒ある文書を平気で火の中に投げ込んだり、いつもボロを身にまとって、酒も飲むし、肉も食べ、女性との性行為も行い、男色も行ったりしたため、風狂と呼ばれ、破戒僧と見做されていました。しかし、一休のこうした行為は反権威主義の現れであったと考えられます。そして、そこには積極的ニヒリズムの実践が示されているのではないでしょうか（それが正しいか、正しくないかは別として）。

反時代的精神

一休の生き方は、彼の生きた室町時代全体に対する反抗でもありました。応仁の乱に始まる戦乱で国は荒廃し、多くの下層階級の人々が天災、飢え、貧しさで苦しむ一方で、上流階級の武士、貴族、僧侶たちが富を背景にして高度な文化を花開かせていました。所属する階級が違うだけで、一方は人間として最低限の生活もできず死んでいき、他方は文化的にも、経済的にも非常に恵まれた生活をしていました。この社会矛盾に対して、一休は自らの存在性を通して反抗したと言えます。

その反抗心は当時の支配階級の人間たちだけに向けられるのではなく、仏教の開祖であるブッダにも向けられました。『狂雲集』の中には「無始無終、我が一心、不成仏《ふじょうぶつ》の性、本来の心。／本来成物、仏の妄語、衆生本来、迷道の心（私の持つ一つの心は始まりも終わりもなく、仏に成ることもなく、自らの心としての自己である。／人間は本来、仏になり得ると言うのはブッダの妄語であり、人間は本来、迷う心を持つ存在である）[*2]」という言葉が見られますが、そこには仏にすがって救われようといった弱者の考えはまったくありません。

実践によって死を乗り越える

こうした一休の存在様式はドイツの哲学者のマルティン・ハイデガーの思想の観点から見れば、理由も判らずに世界に投げ込まれた人間の実存性を敢然と引き受けようとするものであると言えます。自らが何故この世界に存在しているのかという確固とした理由は分からないが、自らは世界に対して自らの存在性を投げ出すことができるという存在者の二重性を強調したハイデガーの思想を、一休が全生涯に亘って、まさに実践したというように考えられます。

*2『狂雲集』一休宗純、柳田聖山訳、中公クラシックス

それゆえ、実践者である一休が「世の中は起きて箱して寝て食って後は死ぬるのを待つばかりなり」と語ったということは、人間存在の空しさや儚さを示すのではなく、**人生を積極的に肯定しながら、死と向かい合おうとする**存在姿勢であると見ることができるのではないでしょうか。死に臨んだ一休の言葉は「死にとうない」であったと言われていますが、この言葉は一休の生への哀れな執着が端的に表されたものであると考えるのは間違いだと思います。もっともっと生きて、常識と言われるものや権力者の都合のよい社会と戦いたいからこそ、「死にとうない」だったのだと私は解釈します。

まとめ

❖一休の考え方には肯定的ニヒリズムが色濃く反映している。人間は死すべき存在でありながらも、生を肯定的に引き受けることができるという実存主義的な側面を持っている。

❖風狂と評された破天荒な一休の生き方には、反時代的精神や反権力的思想もその根底にあったと考えられる。

殺し方のよし悪しを
詮議しとる必要はない。

『神聖喜劇』より

殺人マシーンとしての軍隊

旧日本軍という巨大組織に対してたった一人で抵抗しようとする新兵である東堂太郎二等兵の物語である『神聖喜劇』。対馬の要塞にある重歩兵連隊内での訓練によって殺人マシーンと化すことを強制される中で、如何に自らの理性を保ち続けるかという問題と、東堂は対峙します。彼の前に大きく立ち塞がる存在が大前田軍曹です。大前田は歴戦の勇士であるだけではなく、軍隊内の階級と命令の絶対性を新兵たちに叩きこもうとする、粗暴で知性を欠いた古参兵です。

大前田に代表される旧日本軍の教育方針、あるいは、兵士としての信条は、掲載した「殺し方のよし悪しを詮議しとる必要はない」という言葉に象徴されています。敵を打ち破るためには、戦争に勝つためにはどのような手段を使ってもよい、そこに卑怯もなければ、悪も道理もないと大前田は主張します。戦争においては、兵士一人一人が殺

大西巨人／1916-2014年（没年97歳）

小説家・評論家。毎日新聞記者を経て、旧日本陸軍に入隊。戦後、文学活動を開始する。硬質な文体で、社会的な問題を鋭い観点から描写する小説を書いた。代表的な小説は『神聖喜劇』の他に『三位一体の神話』、『迷宮』、『深淵』が、評論としては『戦争と性と革命』などがある。

人マシーンと化すことが全てであり、それ以上のことは必要ないと言っているのです。こうした考え方は平和時の一般市民であるわれわれにとっては受け入れがたいことですが、戦時という特殊状況下では正当化されたものであったということを先ず理解する必要があります。

思考停止命令

殺人マシーン化するためには、思考停止しなければなりません。**理性的である人間が殺人マシーンになることはできません。**それゆえ、大前田のような古参兵が新兵たちの教育にあたるのです。実際に、日中戦争の最中に、新兵たちは杭に縛り付けられた捕虜になった無抵抗の中国兵を（時には一般市民でさえも）銃剣で刺し殺すように古参兵から命令され、それが実行できたことによって兵士として認められるというイニシエーションを行いました。そして、その出来事の後に、殺人が日常となる日々がやって来たのです。

しかしながら、殺人という視点ではなく、思考停止という視点で見たならば、個人の理性的な思考を停止させる命令というものは平和時であっても、戦時中と同様に数多く存在しています。

例えば、２０２３年に話題となったビッグモーター事件における営業成績（ノルマ）の強制など、職業倫理はもちろん法律を無視した上司からの命令は数多く存在していますし、そうした不条理な会社側の命令によって自殺する社員も少なくありません。こうした会社の圧力やそれによって生じるフラストレーションに耐え切るためには、自己防衛本能として組織の成員は思考停止せざるを得ません。それゆえ、**不条理な状況にある場所では、どこにでも思考停止が存在する**のです。

理性的な軍隊は存在するか？

『神聖喜劇』の問題に戻りましょう。殺人が使命である異常事態が戦争である以上、軍隊の強制する殺人命令と、自らの所有する理性あるいは知性というものは両立可能でしょうか。東堂二等兵はこの不可能であると思われる二つの真逆な対立物をどうにか統一しようと格闘します。訓練と軍隊生活において、まったくミスなく、模範的な兵士としてふるまうだけでなく、戦陣訓や軍隊の規則を一字一句まで暗唱し、その超人的な記憶力を武器として軍隊内部の不条理と戦います。それは軍隊組織という、理性や合理主義と真逆な組織への同化を、何とか拒もうと抵抗する知識人としての東堂の存在理由となります。『神聖喜劇』の中で、こうした東堂の存在や姿勢の全てを破壊しようとする絶対的他者が大前田です。大前田は理性的な東堂の最大の敵であると言うこともできます。

フランスの実存主義作家アルベール・カミュは『反抗的人間』の中で、「われ反抗す、ゆえにわれら在り[*1]」という言葉を語っていますが、カミュのこの言葉を東堂は実践していったと言えます。カミュは代表作『ペスト』の中で、不条理な状況下でもその不条理と戦う人間たちの社会参加としてのアンガージュマン（P61参照）の姿勢を克明に描き出しました[*2]。東堂のあり方は、ペストの流行する中で人間が如何に連帯して戦うかという問題とは異なりますが、最後まで理性を失わずに、限界状況と向き合うという点では一致しています。

他者の死を望むということ

戦争において敵軍の兵士の死は、自軍の勝利に直結します。この事柄を別な視点から見

*1『カミュ全集〈6〉反抗的人間』カミュ、佐藤朔他訳、新潮社
*2『ペスト』カミュ、宮崎嶺雄訳、新潮文庫

るならば、**他者の命の重要性が軽く見られている**ということです。平和時に命は大事なものであると言うことは簡単です。しかし、一旦戦争が始まれば、一人一人の命は、あまりにも軽いものとなってしまいます。現在でも、ウクライナやガザ地区などで、多くの人々の命が国家やイデオロギーの名の下に失われ続けています。こうした状況下で、命の尊さを主張することは無意味にさえ思われてきます。いや、それどころか敵軍の兵士の死を望むことが当然となってしまいます。

そうした状況の中にある時、不条理こそが条理となります。もしも、冒頭の大前田の言葉を肯定してしまったならば、戦争時には理性を失い、ただ単に殺人マシーンとなるべきであるという考えが正しいことになってしまいます。戦時下の軍隊内で、この大前田の言葉に反抗することは不可能に近いことです。しかしながら、東堂が行ったように、それでもこの言葉に反抗しなかったならば、われわれの築いてきた価値ある精神、すなわち理性や知性の意義が完全に失われてしまうのではないでしょうか。

２０２２年頃まで、われわれは新型コロナウイルスのパンデミックという不条理に直面しました。こうした不条理が全世界を覆うという経験をした今、不可能さと対峙し、不条理と最後まで戦うという東堂の姿勢を、われわれはもう一度見つめ直す必要があるのではないでしょうか。

まとめ

❖戦時という状況下で、敵軍の兵士を殺すことが常識とされる中、その不条理と如何に戦うかということが大きな問題となる。

❖特殊状況下での特異性を認めてしまえば、理性の意味は失われる。それゆえに、限界状況下でも反理性的な行為は決して肯定されてはならない。

第4章

死の周辺を巡る考察

アウシュヴィッツでは
死が至高の支配者だったが、
死の傍らには**偶然**があり、
これが収容者たちの
運命を決めたのである。

『責任と判断』より

人の生死は偶然性によって決められる

ハンナ・アーレントは、ドイツに生まれたユダヤ人ということで、ナチスドイツによるホロコースト（ユダヤ人の大虐殺）の危機に遭遇します。幸い彼女はアメリカに亡命でき、その後、優れた政治哲学者として評価されることになりました。しかし、一歩間違えれば、彼女もアウシュヴィッツなどの収容所に入れられ、死を迎えたかもしれません。アウシュヴィッツでは強制労働や栄養失調、伝染病などに加え、数え切れない程の人々がガス室に送られ、犠牲者の数は100～150万人とも言われています。そこではまさに死が至高の支配者だったのです。ただし、収容者全員が亡くなったわけではなく、生還した人も多くはないものの存在しました。その**生死を決めたのは、財力でも能力でもなく、運という蓋然性**（「偶然性」とほぼ同義）によるものでした。

ハンナ・アーレント／1906-1975年（没年69歳）

ドイツ出身で、アメリカで活躍した政治哲学者。ハイデガー及びヤスパースの弟子だが、ユダヤ人であるためにナチスから逃れ、アメリカに渡った。自由を尊び、全体主義政治に対しては鋭い批判を行う著作を何冊も書いた。主著としては『人間の条件』、『暴力について』、『革命について』などがある。

「はじめに」でも述べましたが、私は２０２３年に腎臓移植手術をして、その後菌血症（放置しておくと敗血症になる）になって退院が二日延びました。延びた期間にさらに腸閉塞になりました。それでも菌血症にならず退院が延びなかったら、自宅に帰ってから腸閉塞が起きていたので、逆に手遅れで死んでいた可能性すらありました。たまたま血液に菌が入り入院期間が延び、病院にいるときに腸閉塞が起きたことで生き延びたというのは、蓋然的な事柄だったのだと思います。

アウシュヴィッツに送られずに死を免れたハンナ・アーレントのようなユダヤ人の運命も、偶然によるものと考えてよいでしょう。このように**人の生死は、自分の力ではどうすることもできない**偶然による部分が多いのです。

システムの中で踊る「悪の陳腐さ」

ハンナ・アーレントは、アイヒマン裁判を傍聴し、そこからナチスが何故ホロコーストを行い得たかを明らかにします。アイヒマンとはナチスの虐殺の責任者の一人で、戦後南米に逃げていたところを捕まり、エルサレムで裁判を受け死刑の判決を受けた人物です。

大虐殺の責任者ということで注目を浴びたアイヒマンは、どこにでもいそうなメガネをかけた冴えない中年男であり、多くの人々を驚かせました。自分は上に言われた通りに、機械的に収容所への移送計画を練っただけだと、彼は弁明します。

彼を見てアーレントは『エルサレムのアイヒマン——悪の陳腐さについての報告』の中で、「彼（アイヒマン）は愚かではなかった。まったく思考していないこと——これは愚かさとは決して同じではない——、それが彼があの時代の最大の犯罪者の一人になる素因だったのだ。このことが「陳腐」であり、それのみか滑稽であるとしても、またいかに努力してみてもアイヒマンから悪魔的なまたは鬼神に憑かれたような底の知れなさを引き出すことは不可能だとしても、やはりこれは決してありふれたことではない*1」と述べ、アイヒマンの行為を「悪の陳腐さ（banality of evil）」と呼びました。そして、アーレントは、何万人もの人を殺す虐殺計画がアイヒマンのようなその是非を考えることを行わない一種のテクノクラートによって、容易に実行されることを示しました。ヒトラーのような独裁者だけではなく、無批判に国家システムに従ってしまう人間の問題を明らかにしたのです。そして、アーレントはナチズムなどの全体主義が何故20世紀に生まれたかを追究

*1『エルサレムのアイヒマン——悪の陳腐さについての報告』ハンナ・アーレント、大久保和郎訳、みすず書房

し、これに抗うための公共哲学を論述しました。

『全体主義の起原』とは？

アーレントは『全体主義の起原[＊2]』の中で、20世紀に現れた全体主義という政治思想を分析しました。ナチスだけでなく、ソ連共産党も考察対象でした。二つの全体主義に共通するのは、19世紀の国民国家が国民としての同一性を基盤として誕生したのに対して、全体主義国家は大衆誘導によって誕生したという点でした。

大衆は自分で考えず、その時々に合わせて政治家に全てを任せる存在という側面があります。元々国民国家の「資本主義化→帝国主義政策」という世界史の流れがあった中、それに遅れ、戦争で疲弊したり、失業者の膨大な増加など、政治的・経済的危機状態にあり、大衆に不安が広がった国からは、それを一新するような政策を示し、国家を力強く引っ張るカリスマ的指導者を希求する現象が起こりました。ナチスドイツもソ連もそうした状況の下に生まれたのです。こうして、自ら考えることを止め、熱烈に支持する政治家の言うことに無批判に従う大衆によって構成される国家という構図ができあがります。アイヒマ

＊2『全体主義の起原——反ユダヤ主義』ハンナ・アーレント、大久保和郎訳、みすず書房

ンもそうした全体主義国家の構成員の一人でした。

アーレントは**自らの利害のために善を放棄してはいけないし、特定の善の観念に囚われ過ぎてもいけない**と述べています。また、自分の利益になるという理由だけである政党に投票してもいけないし、皆が特定の思想や意見を盲目的に支持してもいけないとも主張しました。

全体主義に抗うためには、国民一人一人が自分で考えて自分の意見を自発的に発言し、公共の場で語り合うのが本来の政治の姿だと、アーレントは主張します。これは21世紀の現代社会にも通じる政治課題と言えるでしょう。

まとめ

❖人間の生も、死も偶然に左右されることが大きい。それはアウシュヴィッツで誰が生き、誰が死ぬかが偶然決定されたことと同じである。

❖全体主義国家を作らないために必要なことは、国民一人一人が為政者の言葉を単純に信じずに、自ら考え、判断していくことである。

野心は
思考の
死
である。

『反哲学的断章』より

後期ヴィトゲンシュタイン思想

20世紀最大の論理哲学者と言われるのが、ルードヴィヒ・ヴィトゲンシュタインです。彼の思想はしばしば前期と後期に分かれて語られますが、ここではヴィトゲンシュタインの哲学の全体像を解説することはしません。彼の重要な用語である「言語ゲーム」だけを取り上げて、少しだけ彼の思想を見てから、冒頭の彼の言葉について考えていきたいと思います。

論理哲学は言語分析哲学とも言われるように、言語問題の探究を目的とした哲学です。それは様々な命題の真偽値を問う学問と言ってもよいでしょう。ヴィトゲンシュタインもこの問題に取り組みましたが、前期の彼の思想と後期の彼の思想との大きな違いは、前期では言語における完全な論理性とは何かを徹底的に追究したのに対して、後期では不可知論的立場を展開しました。その彼の後期思想

ルードヴィヒ・ヴィトゲンシュタイン／1889-1951年（没年62歳）

オーストリア出身の哲学者。フレーゲ、ラッセルに師事し、言語問題の哲学的探求を行う。ウィーンで生まれるがイギリスに渡り、分析哲学に多大な影響を与え、20世紀の論理哲学における最も重要な思想家と形容されている。主要著作は『論理哲学論考』、『哲学探究』、『確実性の問題』などがある。

を明確に示す概念が「言語ゲーム」です。例えば、「月がとっても奇麗ですね」という言葉の字義的な意味は日本語話者ならば誰でも判ります。しかし、ある状況下では、この言葉が「私はあなたを愛しています」という特殊な意味を表すことも可能になります。言葉はその使用状況や話し手の違い、文脈などによって意味を変えてしまいます。このように絶対的な規則がなくとも行われる、われわれの言葉のやり取りを、ヴィトゲンシュタインは言語ゲームと呼び、その様態に対する詳細な考察を行ったのです。

野心と論理性との関係

「野心は思考の死である」という言葉は、ヴィトゲンシュタインの死後発見されたノートに書かれた断片的言説をまとめ上げた著作である『反哲学的断章』の中にあるものです。この断章を編集したG・H・フォン・ウリクトは、私的なメモではないものを年代順に雑然と集めたと記しています。それゆえ、この著作に書かれている言葉は必ずしも学術的なものではなく、ヴィトゲンシュタインが意図的にまとめ上げたものでもありません。「野心は思考の死である」は前後の文脈なしに突然現れてくる言葉です。こういった言葉を解釈することは容易ではありません。

しかしながら、この言葉が書かれた1948年という年から考えて、ヴィトゲンシュタインが晩年に書いた言葉だということは判ります。そのことと後期の彼の思想とを鑑みて、彼の残した言葉の意味を探っていきたいと思います。

先程も述べたように前期のヴィトゲンシュタインは論理的真偽値の追究が全てです。このことを現代的な観点から言うなら、ＡＩの行うことが全て正しいと考えるということです。不確実なものを完全に排除していけば真理に辿り着けるという考え方です。ですが、後期のヴィトゲンシュタインは言語ゲームに代表されるように完全さを否定して、非合理なものの中にも意味を見出そうとする姿勢を強く表明しています。そうした思想の下に、この言葉を見ていけば、非合理なものにも価値を見出そうとするヴィトゲンシュタインの哲学が浮かび上がってきます。

思考停止としての死

ここで、思考と野心という二つの問題について考えてみましょう。ヴィトゲンシュタインの後期思想を考えたならば、思考は合理性のシンボルとして、野心は非合理性のシンボルとして捉えることができます。そして、このことから、野心を殺さなければ思考が現れてこないという解釈が可能になります。

フランスの思想家ジョルジュ・バタイユは「非-知」と至高性という問題を生涯に亘って探究し続けましたが、合理的考えでは解決できない「非-知」であるものの中に至高性があると述べています。

彼は『非-知』において、「思考の死とは、死の準備する逸楽的な饗宴であり、死が自分の家で催す祝祭である[*1]」という指摘を行っていますが、冷静さや論証性（=思考）の喪失という点で、この言説はここで問題にしているヴィトゲンシュタインの後期思想の言葉に通じるものがあります。

思考が停止することによって、理性に基づく思考によって抑圧された感情的なものがわれわれの心理の中に現出しますが、「野心は思考の死である」という言葉の中で語られている死は**感情による思考停止状況**を表しています。それは理性的なものの停止と同時に、論理性からの逸脱であり、この状態が**負の方向にひたすら突き進めばファシズムに、正の**

*1『非-知』ジョルジュ・バタイユ、西谷修訳、平凡社

方向に向かえば、例えば信仰の中にある恍惚感として現れることを、バタイユは綿密な考察を繰り返し行うことによって明らかにしました。

言語ゲームと対話

言葉という問題は論理という視点によってだけでは解決しないことを、ヴィトゲンシュタインがよく理解していたことは、彼の後期思想が書かれた著作にはっきりと示されています。

ヴィトゲンシュタインのこうした考えを補足するために、最後にフランスの哲学者エマニュエル・レヴィナスが『神・死・時間』において述べている「死とは応答がないということなのです[*2]」という言葉を挙げたいと思います。

この言葉は、死が人間の生の活動の根本にある対話から遠く離れたものであることを表しています。言語ゲームというものは対話の上に成り立ったものです。そこに合理性がなくとも何らかの不思議な規則性があります。

しかし、野心には「対話」は必要なく、完全に理性的ではない感情的なレベルのもので

*2『神・死・時間』エマニュエル・レヴィナス、合田正人訳、法政大学出版局

あり、規則性や論理と関係なく生まれるものです。いや、合理性を殺さなければ野心など抱けないのではないでしょうか。こんな風に考えると、ヴィトゲンシュタインが断章的に語っている謎のような言葉の意味も、少し理解できるのではないでしょうか。

まとめ

❖言語の使用は論理的な事象ではない。そこでは真偽値が問題となるのではなく、文脈や状況や話者と大きく関係する言語ゲームが問題となる。

❖野心には無秩序な規則性を無視した側面が存在するゆえに、それは思考停止をもたらす。さらには言語ゲームにおける対話性をも有してはいない。

墓は建てて欲しくない。
私の墓は、
私のことばであれば、
充分。

「墓場まで何マイル？」より

詩人的な、あまりにも詩人的な

寺山修司の絶筆、「墓場まで何マイル？」の中にあるこの言葉は、寺山の詩人としての姿が端的に表明されています。この遺稿を書いた時、彼は肝硬変が悪化してあと数カ月の命であることを告げられ、病院のベッドの上にいました。生の終焉は間近。彼に残された時間はもう殆どありませんでした。この遺稿には、彼がパリで買った墓ばかりが写っている写真集を眺め、死について考える姿が静かに描写されています。墓は誰かがこの世界に存在したことを証明する記念碑として機能するものですが、この物質的な記念碑を自分は必要としていないと寺山は書いています。それは詩人としての矜持であると言えるかもしれませんが、それよりも、むしろ、死を前にして、詩人としての寺山はなおさら「言葉」というものの持つ永遠性を確信したのではないかと思われます。

寺山修司／1935-1983年（没年47歳）

20世紀後半の前衛演劇を代表する劇作家であり、歌人、詩人、映画監督でもある。アングラ劇団「天井桟敷」を主宰し、様々な芸術分野で実験的創作運動を展開していった。代表作に、歌集『空には本』や『血と麦』、戯曲集『血は立ったまま眠っている』、映画『田園に死す』や『さらば方舟』などがある。

寺山修司は１９６０年代から１９８０年代前半にかけて天井桟敷の公演を通してアングラ演劇を先導し、ラジオドラマのシナリオライター、映画監督と多様な芸術活動を行い、時代の寵児となっていました。そんな寺山でしたが、幼い時から患っていた肝臓の病が悪化、気付けば、もう死を待つしかない状態にありました。そんな彼の最後のエッセーの中に書かれた言葉であるからこそ、心に響いてくるものがあります。

死を前にした時、死後に自分が残すことができるものは何かを、寺山は考えたように思われます。それが「墓」ではなく、「言葉」だったわけです。

墓とは何か？

確かに、死を前にした寺山修司の言葉は心に響くものがありますが、市井の人々は著名人であった寺山のように言葉を残せないゆえに、忘れ去られるだけの存在であると言えるでしょうか。私が寺山の遺稿集に書かれた言葉に対して異論があるとすれば、この点です。

ヘーゲルは『精神現象学』の中で、ギリシア神話のアンティゴネーの行為に触れながら、埋葬の意義について語っています。彼によれば、死者を埋葬することは生きている人間の義務です。何故なら、遺体はそのまま放置されれば、鳥や獣などに食い荒らされて、仕舞には自然に還っていきます。それはヘーゲルにとって、死者が人間ではないものと化すことを意味していました。死者であっても人間は人間です。遺体を自然界から人間の世界に取り戻し、家族の手で埋葬することで死者に人間としての意味を与えるべきである*1と主張しました。

　埋葬された遺体のために墓が作られます。**墓は死者を生者が忘却することなく思っていることの証**となるものです。それゆえに、墓は死者と生者とを繋ぐために重要なものです。墓がなくとも、寺山のような著名な表現者は、彼が語った言葉によって彼が亡くなった後でもこの世界に生きている人々と繋がることができます。けれども、それができない沢山の無名の死者のために、墓を建てて死者を弔うことは無意味とは言えないのです。

言葉は死なない

　墓はある人がかつて生きていたことを表し、生者と死者との架け橋としてのシンボルとなり得るものですが、新たな交流を築くために世界を切り開いてはくれません。墓は死者

*1『精神現象学』ヘーゲル、熊野純彦訳、ちくま学芸文庫

がこの世にあった時の過去の思い出を生者の記憶の中に止めるための働きはしてくれますが、それはあくまでも過去志向であって未来志向ではありません。しかし、残された言葉は生者と死者との新たな関係を構築することを可能にしてくれます。

ロシアの思想家であり文芸評論家のミハイル・バフチンは、『マルクス主義と言語哲学―言語学における社会学的不法』の中で、「言葉は話し手と聞き手との様々な対話関係を作り出すための橋となるものである*2」と語りましたが、故人となった作者が残した言葉も生きている読者との新たな対話関係を求めて広がっていくことができます。だから、もしも永遠というものがあるとするならば、それは残された言葉の中にあるのかもしれません。例えば、いわゆる古典というものを生きているわれわれが読む時、それは既に死者となった作者との対話（コミュニケーション）と言えるのではないでしょうか。**残された書物を通じて、われわれはプラトンやヴェルギリウス、ニーチェ……などと時代を超えて言葉を交わし合うことができる**のです。

現代は人間が様々な不条理（貧困や疎外、戦争などの暴力）にさらされて孤独に死んでいく時代であると同時に、語られた言葉もどんどん死んでいく時代です。消費され、廃棄

*2『マルクス主義と言語哲学―言語学における社会学的方法』ミハイル・バフチン、桑野隆訳、未来社

されていくのは、物だけではありません。人間も、言葉も同様です。時の経過と共に、見向きもされなくなり、忘れ去られていく無数の存在があります。そうであるからこそ、寺山は言葉の持つ永遠性というものを信じたかったのではないでしょうか。

まとめ

❖死後も言葉によってこの世界に生きる人々と対話していきたいという寺山修司の思いは、表現者としての強い願望であった。

❖墓を建てることも無意味ではない。墓は死者と生者とを繋ぐ架け橋となれるからだ。特に無名の人々にとって、死者を記憶するための重要な装置になるからである。

臆病者というものはな、
死の前に何度でも死ぬのだ。
ただ勇者だけは
一度しか死の味を知らぬ。

『ジュリアス・シーザー』より

英雄の死を予告する彗星

近代演劇の基礎を築いたシェークスピアの劇は、どの作品も重厚で壮大なドラマが展開されます。登場人物が複雑に絡み合い、その心情を印象的な言葉で語りながら、フィナーレに向かい確かな足取りで進んでいく……。そうした印象的な物語が展開されていきます。こうした特徴によって、シェークスピアの演劇は彼の生前から多くの人々に高く評価されていましたが、その評価は今も変わることがなく続いています。

ここで引用した言葉は『ジュリアス・シーザー』の中の第二部第二幕で語られるものです。シーザーの妻キャルパーニアが、彗星が空に現れたのを見て不吉な知らせであると感じて、「乞食［原文ママ］の死ぬときに、彗星などは現れません。王侯たちの死をこそ天も焔を放って告げ知らせるのです」と述べたことに対して、シーザーが返答した

ウィリアム・シェークスピア／1564-1616年（没年51歳）

ルネサンス期のイギリスの劇作家・詩人。数多くの劇作品を書き、生前から名声があったが、現在に至るまでその名声は衰えていず、世界演劇史上最大の劇作家と形容されている。代表作には、『ハムレット』、『オセロ』、『マクベス』、『リア王』などがある。

言葉の中にあるものです。この場面はローマの英雄シーザーの最期が予告された場面として象徴的なシーンですが、シーザーは死をまったく怖れていないように感じられます。それだけではなく、自分の偉大さとローマ市民全てが自分を怖れ、崇めていると確信し、その栄光が長く続くと信じているようです。この点から見て、シェークスピアはシーザーを自負の塊であるようにも、傲慢な独裁者の側面を持っている人物であるようにも描いていると言えます。

死の重みは平等ではないのか？

ここで一つの疑問が生じます。シーザーもキャルパーニアも偉大な人間や英雄の死の重要性についてのみ話していますが、一般の人々や下層階級の人々の死というものは意味のない、些事なのでしょうか。

私はそうは思いません。毎日、額に汗をして働いている市井の人々のことを思い描いてみてください。彼らは英雄でも、偉人でもありませんが、日々を懸命に生きています。それは賞賛すべき事柄です。そうした人々が英雄や偉人よりも劣った存在であると言い得る根拠はどこにもないのです。生きるという意味においても貴賤はありませんが、死についても同様のことが言えます。

20世紀のフランスの哲学者ジャンケレヴィッチは『死とはなにか』の中で、「絢爛たる霊廟に脛の骨を残した男が、共同墓穴に投げ込まれた貧乏人に比べて幸せだというわけではありません。死は不平等を平等化します*」と述べています。生きていた時にあった身分の不平等というものを超えて、死は一人一人の人間の存在性を平等なものにする。このことには非常に大きな意味があると私は思います。

暗殺者の心理と良心の疼き

第三部第一幕で暗殺者の一人であるキャシアスは「なに、人間の生命二十年を縮めてやれば、それだけ死を怖れて生きる歳月を縮めてやることにもなる」と言い、それに対してブルータスは「もしそうなら、死もまた一つの恩恵かな。さしずめ僕らはシーザーの恩人ってことか、死へのおびえを縮めてやったわけだからな」と返答しています。ここでは殺人という大きな問題も語られているのです。

*『死とはなにか』ヴラジミール・ジャンケレヴィッチ、原章二訳、青弓社

死に対する見方は様々にあります。死が恩恵や救済であるという説も多数語られています。古代ギリシアの哲学者ソクラテスも「死は言うまでもなく、肉体からの解放に他ならない」と語ったと言われています。この説に従えば、死が悪しきものではなく、よいものであるとさえ定義できます。

しかしながら、ここで注目したいのは、死が恩恵や肉体からの解放というように言うことによって、暗殺者たちがこれから行おうとする殺人を正当化しようとしている点です。そこに**どんな理由があろうとも、人を殺すことには罪悪感が伴います。**それは簡単に消すことのできないものです。ですから、自分たちのそうした良心のやましさを拭い去るために語られたキャシアスとブルータスとの間で交わされた言葉には、倫理上の深い問題が内包されていると解釈できます。

まとめ

❖シーザーのような英雄ではない、ごく普通の市井の人々も日々を懸命に生きている。死という観点でも、その死は英雄の死と同じ価値を持つ。

❖この劇は殺人という行為の重さにも触れている。殺人を正当化することの困難さが物語られている。

死は
生命最大の
発明である。

2005年6月15日、スタンフォード大学の卒業式での講演より

時代の寵児の講演

ジョブズが「死は生命最大の発明である」という言葉をスタンフォード大学の卒業式での講演で語った時、彼は時代の寵児でした。アップル社を設立し、20世紀最大の発明と言われるパーソナルコンピューターを製造し、その後も多くのヒット商品を世に送り出し、世界的な偉大な経営者と呼ばれ、億万長者にもなっていました。そうした彼でしたが、この講演でも語っているように、大学を中退し、会社を設立するまでは順風満帆とは言えない人生を送っていました。しかし、彼にはアイデアと経営戦略に関するずば抜けた才能があり、それが彼に企業経営者としての大成功をもたらしました。

20世紀のアメリカン・サクセス・ストーリーを絵に描いたようなジョブズに、スタンフォード大学が卒業式でのスピーチを依頼し、彼はそれを引き受けました。このスピーチを聞いた聴衆はジョブズの講演に

スティーブ・ジョブズ／1955-2011年（没年56歳）

アメリカの実業家・工業デザイナー。アップル社の設立者の一人。PCを世界的に普及させ、億万長者となった。マッキントッシュコンピューター、iPod、iPad、iPhoneなどを製造。アップル社の発展に大きく寄与した。現代を代表する独創性のある経営者として世界的に評価されている。

対して大きな拍手をおくりました。それだけではなく、彼の講演はその後も、伝説のスピーチと称される程、多くの人々に高く評価されています。

このスピーチで、ジョブズは**死は誰もが避けられない運命である点を心に刻んでおくことの有用さ**を語っています。それは冒頭の「死は生命最大の発明である」という言葉に表れています。

ジョブズはこの講演の約一年前に膵臓ガンの大手術をしています。死というものと実際に対峙した彼は、死という事柄を真剣に考え、「死は生命最大の発明である」と思ったのです。死があるからこそ、**終わりがあるからこそ、生きるための目標が生まれ、それに向かって前進できる**ことをジョブズは強く感じたのです。ですから、死が自分の前に待っていることを常に忘れないでいることは、生きる糧となると述べているのです。このことを、イノベーターであるジョブズらしい「発明」という語を使って、巧みに言い表しています。

資本家としてのスピーチ

ジョブズのスピーチは確かに、人を惹きつける魅力のあるものです。しかし、彼が語る自らのサクセス・ストーリーにはアメリカ的資本主義とプラグマティズムの世界観が色濃く反映しています。彼は自分が成功するために必要だったと思われる経験を語っていますが、他人の幸せや自らの周りの環境をよくすることに対しては一言も語っていません。成功という点で言っても、**ジョブズが語っている成功は拡大再生産によってどんどん肥え太っていこうとする資本主義の枠内での成功**です。そのために壊されていく地球環境や、貧富の格差の拡大による貧しき人々の悲惨な生活をどうすればよいかといった点は完全に無視されています。

　私はここで、ジョブズがこの講演を行った約7年後にリオで行われた、世界一貧しい大統領と呼ばれたウルグアイのホセ・ムヒカの地球サミットでのスピーチについて考えてみたいと思います。何故なら、ジョブズとは違い、ムヒカは地球環境や貧困といった問題に対して実際に真摯に向き合いながら、このスピーチを行ったからです。私にとって特に印象的だったのは、「発展が幸福の対向にあってはいけないのです。発展というものは、人類の本当の幸福を目指さなければならないのです。愛、人間関係、子供たちへの援助、友達を持つこと、そして必要最低限のものを持つこと。幸福が私たちにとってもっとも大切なものだからなのです」という言葉です。

ムヒカは極端に肥大化した資本主義に基づく自分だけの成功の危険性について語っています。そして、他者と共に生きることの重要性も主張しています。ジョブズの発言とムヒカのこの発言を比べてみた時、21世紀に生きるわれわれが目指すべき方向性は何かという問題を考える必要性を強く感じます。

ビジネスの成功者は偉人か？

21世紀において、地球環境破壊は人類にとって差し迫った問題です。地球の環境を破壊している大きな原因は、肥大化した資本主義による大量生産と大量消費を押し進め、貧しき人々の生活などはまったく顧みようともしない社会システムです。このシステムを支えるものの一つにアメリカン・ドリームという神話があります。ジョブズはこのアメリカン・ドリームを叶えてビジネスで成功し、巨万の富を得た人間です。

では、ジョブズは偉人なのでしょうか。私はそうは思いません。確かに、ジョブズのスピーチの中には心に響く言葉がありますが、ビジネスでの成功だけを願う企業家の発言としての側面が色濃く反映しているからです。

少し乱暴に言うと、ジョブズのスピーチはジョブズという人格が言っているのではなく、「資本」が言わせている言葉です。つまり、ジョブズという稀代のイノベーターにして経営者の正体は、「資本の人格化」なのです。

まとめ

❖自分がいつかは死ぬということを心に刻むべきとジョブズは主張した。そうすることで、人生の目的が明確化されるからである。

❖ジョブズの成功への考えは自己中心的で、資本家としての考えが根底にある。他者と共によりよい社会を目指すべきという、ムヒカの考えとは真逆である。

絶望は死に至る病である。

『死に至る病』より

実存主義のパイオニア

セーレン・キェルケゴールは19世紀のデンマークが生んだ哲学者です。20世紀の世界的な哲学者ジャン＝ポール・サルトルはキェルケゴールをニーチェと共に実存主義のパイオニアと見做し、その思想を非常に高く評価しました。その理由をまず説明したいと思います。

西欧において18世紀は啓蒙の世紀と呼ばれています。大まかに言えば、17世紀にデカルトが確立した合理主義が大きく発展していったのが18世紀でした。しかし、18世紀の後半からその様相に変化が現れます。18世紀後半は産業資本主義が飛躍的に発展した時代です。それはヨーロッパに富と繁栄をもたらしましたが、その反面、貧困者の増大、貧富の格差、自然破壊、植民地主義といった現代まで続いている負の遺産を生み出しました。こうした事柄は政治、経済、社会の問題に止まらず、われわれ人間の存在性の基盤となる思想的な部分までも侵食

セーレン・キェルケゴール／1813-1855年（没年42歳）

デンマークの哲学者・神学者。富裕な商人の息子として生まれ、神学と哲学を学ぶ。当時隆盛を極めていたヘーゲル哲学及びキリスト教教会を強く批判した。実存主義の礎を築いたことでも有名。主著としては『死に至る病』の他に、『不安の概念』、『反復』、『おそれとおののき』などがある。

していきました。キェルケゴールが思想活動を行っていたのはそういう時代でした。
このように見ていけば、キェルケゴールが生きた時代は、存在論的意味が時代的な問題として初めて真剣に問われた時代であったと言うことができます。そして、この存在論的問いこそが実存主義の根幹をなすものでした。

反ヘーゲル思想の旗手

マルクスもそうですが、キェルケゴールも哲学を学ぶきっかけとなったのは、ヘーゲル哲学への畏敬の念からでした。ヘーゲルは19世紀前半のヨーロッパ全体をヘーゲル主義一色に染め上げる程に思想界を席巻したドイツ観念論の完成者であり、ヨーロッパ近代哲学最高峰の思想家でした。彼の哲学理論は、西欧合理主義の普遍性と理性中心主義の絶対性を厳格な論理で構築したものです。しかしながら、マルクスが弁証法を最大の武器にしたヘーゲル哲学に対して、『資本論』の中で「ヘーゲルにあっては弁証法が逆立ちしてしまっている[*1]」と批判したように、キェルケゴールもヘーゲル哲学に対して『あれかこれか』の中で「全てか、しからずんば無[*2]」と述べ、批判しました。

*1『資本論』マルクス、向坂逸郎訳、岩波文庫
*2『あれかこれか』（『キルケゴール著作集』<1-4>）キルケゴール、浅井真男他訳、白水社

キェルケゴールの批判の理由は明白です。ヘーゲルの理論はあれもこれも求める、つまりは、全てを体系化しようとする理論です。ヘーゲル思想においては、あらゆる事象が樹形図のように上から下へと階層的に秩序化された思想体系を築いています。ですから、歴史、社会、政治、哲学といったものもこの図式化の下に理論化されます。しかし、現にここに存在する「私」はそういった体系化と直接的な係わりを持つことはなく、唯一人世界に投げ出された存在、キェルケゴールの用語を使えば、「単独者*3」です。単独者にとってヘーゲルの体系中心主義は、実存から離れた観念論的な産物にしか過ぎません。そこには抽象化された「私」の姿しかありません。この点をキェルケゴールは強く批判しました。

ニヒリズムの時代

『死に至る病』の中にある冒頭の「絶望は死に至る病である」という言葉は、今述べたキェルケゴールの思想と深く関係する言葉です。注意しなければならないことは、この言葉の意味は絶望することは自己の死、つまり、自己喪失であり、絶望は神との関係も失うことで、罪であるということです。キェルケゴールの生きていた時代はニヒリズムが吹き荒れ

*3 われわれ一人一人は孤独に神と向き合って現前しており、その存在形態を示す用語

た時代でした。18世紀後半から19世紀前半は繁栄の時代であると同時に、多くの人々が疎外され、孤独や苦しみに震え、「自らの存在とは何か」が真剣に問われた時代でした。

このような時代にあってキェルケゴールは、唯一人世界の中で世界と対峙している「単独者」について深く探究しました。そして、絶望的であるのは孤独に生きていることではなく、暗い時代状況を理解しないことである点を強調しました。

サルトルは『生けるキルケゴール』の中で「キルケゴールは、単独者が歴史のうちに普遍者として自己を設定するかぎりにおいて、普遍者が単独者として歴史に入って来ることを示したおそらく最初の人である*4」と語っています。単独者として生きることを決意した時、その人は孤独に世界や時代と向き合っているのではなく、世界や時代を代表する者、つまりは、普遍的な存在者となっているとサルトルはキェルケゴール思想を解釈しました。

絶望に気づいていない絶望状態

真に悲劇的なのは、絶望的状態であることを知らないこと、知ろうとしないことです。

*4『生けるキルケゴール』サルトル、ハイデッガー他、松浪信三郎他訳、人文選書

キェルケゴールが生きた時代はこの意味で絶望的な時代でしたが、彼の生きた時代だけが絶望的ではありません。現代において、貧富の格差、環境破壊、近代戦のむごらしさ、大量虐殺といった問題は19世紀以上に過酷さを増しています。そのことに目を瞑ってしまえば、それは絶望的な状態です。死はいつかはやって来ます。そのことを意識すること。そして、この世界の悲惨さや時代的悲劇をよく考えること。そうしたことの必要性を、キェルケゴールは訴えていると強く思います。

まとめ

- ❖自己喪失が絶望であり、それは罪でもあるというキェルケゴールの主張は、彼の生きた時代の精神的状況を強く反映している。
- ❖絶望に陥らないためには単独者として世界と対峙し続ける必要があり、そのことは文明化によって自己喪失する状況が増えた現在においても意義のある事柄である。

死の観念は切断であるよりも
むしろ、
混合あるいは混乱の結果である。

『プルーストとシーニュ：機械文明としての『失われた時を求めて』』より

西洋思想の伝統を乗り越える試み

ポストモダン思想の代表的な哲学者であるドゥルーズは唯心論と唯物論の対立という西洋思想史の伝統的な二大対立を乗り超えようとしました。生と死という問題に関しては、**生が死に優先するという考え方も、死が生に優先するという考え方も彼は取りませんでした。**西洋の近代はデカルト思想によって開始され啓蒙思想の確立によって絶頂期を迎えます。この流れの中で理性中心主義の西洋合理主義が展開されていきますが、横への水平的な広がりよりも、論証性に基づく垂直的な深化が求められ、真か偽かという論理の下で、あらゆる事象が合理的に判断されていきました。

こうした思想は西洋の近代化を支え、西洋世界の考え方を世界的に広げ、発展させていきましたが、経済格差、自然破壊、人間疎外などの様々な弊害を生み出す原因ともなり、それゆえ垂直的な思考方法で

ジル・ドゥルーズ／1925-1995年（没年70歳）

フーコー、デリダ、リオタールらと共に現代思想の中核を担ったフランスの哲学者。西洋哲学の垂直性を批判し、水平性を重視した思想を展開した。精神分析家で思想家のガタリとの共著である『千のプラトー』は現代哲学の偉大な成果であると、非常に高く評価されている。

はなく、水平的に広がる思考方法が重要である点をドゥルーズは強調しました。死の問題についても啓蒙思想家が死を忌避すべきマイナスの事柄と見做したのに反して、彼は他のポストモダンの思想家と同様に、死は不可知的なものであり、プラスであるかマイナスであるかは判断できないという立場を取りました。

死とはイメージの混じり合った「混乱」

近代啓蒙主義の確立以降、死という概念は人間という素晴らしい存在の終焉であって、否定すべきものとして意味づけられました。しかし、この考え方は正しいでしょうか。われわれは自らが生きている時に死というものを直接的に体験できない以上、死は不可知なものです。**死がわれわれの存在の絶対的な終わりであるかどうかは判らないのです**。死を悲観する根拠も、楽観する根拠も実は明確なものではないのです。ですから、死は生とはまったく別なものですが、どのようなものか判らないゆえに論理的に語り得ず、イメージによる恣意的な語りを行わざるを得ないものなのです。つまり、冒頭の言葉にある通り、**死とは様々なイメージの混じり合った「混乱」したもの**なのです。

大きな物語の終焉

ドゥルーズのこうした思想は、リオタールが近代西洋思想の限界について語った「大きな物語」の終焉*に通じるものです。大きな物語としての理性や神といった「大文字の概念（根本的概念）」を信じられなくなった現代では、いくら大きな物語を語っても、そこに絶対的な価値を見出すことができなくなってしまいました。それゆえ、現代思想を代表するドゥルーズをはじめとする多くの哲学者は、われわれは「小さな物語」しか語ることができなくなったという認識に立っています。

では、小さな物語だけを重視すればよいのかと言えばそうではありません。日本を例にとって考えてみると、多様な差異を生みながら常に変化し続ける個人や社会システムの中から小さな差異を見つけ出して、そこから人々の「微細な欲望」を抽出してそれを利用することで某大手広告代理店の人たちはお金もうけをしています。例えば家族や友達といった小さなコミュニティでの日常的な小さな出来事（それはＳＮＳなどで無数の個人から発信された情報などであり、内容的には似たようなものばかりですが、バズるために他者と

＊『ポストモダンの条件：知・社会・言語ゲーム』ジャン＝フランソワ・リオタール、小林康夫訳、水声社

の小さな差異を強調しています）の中にビジネスチャンスを見つけて、そこに見られる微細な差異を利用して利益をあげようとしているのです。しかし、これは見方を変えれば、小さなものからも搾取していくという発想です。こういう経済体制の中で日本社会はダメになっていったと、私は思います。

ナショナリズムの高揚に対する反論

小さな物語を優先してもそれが新たな搾取のための手段となったため、「それではダメだ」、「やはり大きな物語が必要だ」という声が高まってきました。それは日本だけではなく世界的な現象です。しかも、この声と共に、大きなものとしての国家や民族といったものを強調していくナショナリズムのイデオロギーが復活してきました。しかし、それは非常に危険な事態を引き起こす可能性があります。

ポストモダンの思想家たちは、元々社会主義的というか、左翼思想を持った人たちでした。そうした人たちが唱えた小さな物語は、資本家による新自由主義的な企業利益をあげるために用いられる小さな物語といったものとは、まったく異質なものです。この点をしっかりと掴んでいないと、小さな物語が搾取の手段に成り下がります。

ですから、われわれは大きな物語や小さな物語といった言葉の意味をもっと真剣に考えていく必要があります。そうすることによって、ドゥルーズの述べている死を巡る言葉の意味が鮮明に見えてくるのではないでしょうか。

まとめ

❖ドゥルーズのようなポストモダンの思想家にとって、死はプラスのものかマイナスのものかを決定できないアポリア（解決できない難問）である。

❖大きな物語を否定して小さな物語を求めても、理想主義的理念がなければ、小さな物語は搾取の材料になってしまう危険性がある。

人間は
生きることが
全部である。
死ねば
全てなくなる。

『不良少年とキリスト』より

安吾の強さと太宰の弱さ

冒頭の言葉は、太宰治論ともなっている坂口安吾の『不良少年とキリスト』の中に記されているものです。このエッセーは太宰が心中した1948年に書かれ、同年発刊の福田恆存編『太宰治研究』に掲載され、後に、『不良少年とキリスト』に再録されました。日本文学史的に見れば、安吾も太宰も戦後の無頼派の作家として区分されています。しかしながら、両者が共に、退廃的で、虚無主義的な小説を書いたと言われているにもかかわらず、二人の作品の特質は大きく異なります。安吾の作品は力強くダイナミックで男性的ですが、太宰の作品は繊細でリリシズム的でもあり女性的です。

安吾は『不良少年とキリスト』で、脆弱な存在でありながら高貴さを秘めた太宰を不良少年とキリストという二つのものに譬えています。この譬えには太宰への批判も込められていますが、太宰の死

坂口安吾／1906年-1955年　（没年48歳）

20世紀前半の小説家。無頼派の作家の一人として、人気を得た。純文学小説だけでなく、推理小説や歴史小説、エッセーも多数残した。小説の代表作としては『白痴』、『桜の森の満開の下』、『不連続殺人事件』、『夜長姫と耳男』などが、エッセーとしては『日本文化私観』や『堕落論』などがある。

は安吾にとって衝撃であったのは確かで、それだからこそ、安吾は「人間は生きることが全部である。死ねば全てなくなる」という言葉を敢えて書いたとも言えるのではないかと思います。

デカダンとは何か？

安吾のデカダン性は、代表作である『堕落論』の中で、「人は正しく堕ちる道を堕ちきることが必要なのだ。そして人の如くに日本も亦堕ちることが必要であろう。堕ちる道を堕ちきることによって、自分自身を発見し、救わなければならない[＊1]」と語っている言葉に明確に表されています。確かに、こうした下降志向をデカダンと言うこともできるでしょうが、それは一般的な退廃性とはまったく違います。それは自らの生きるエネルギーを放出する下降志向です。そこには、**ニヒリズムが人間の存在自身に由来するならば、その克服のためには人間の実践的な行為が必要である**と述べたドイツの批評家・思想家であるエルンスト・ユンガー[＊2]の積極的ニヒリズム思想に近いものがあると考えられます。

＊1『堕落論』坂口安吾、新潮文庫
＊2『労働者』エルンスト・ユンガー、川合全弘訳、月曜社

反語的な言葉

『不良少年とキリスト』の中にある、「キリストは、思想ではなく、人間そのものである」という言葉にも耳を傾けるべきかもしれません。この言葉によって安吾は、宗教としてのキリスト教ではなく、人間キリストの生き方に注目して、キリストの持つ神性にではなく、キリストその人の持つ脆さや頼りなさといったものこそが生の証だと言っているのではないでしょうか。こうした弱さを太宰も持っていたからこそ、太宰の自殺は安吾にとっては肯定できない出来事だったように私には感じられます。

まとめ

❖太宰治の自殺に対する批判的意味を込めて、『不良少年とキリスト』の中で安吾は生き続けることの必要性を強調した。

❖安吾の退廃主義的で、虚無主義的な作品の中にも生の力が溢れている。それは単なるニヒリズムではなく、生きるためのニヒリズム、つまりは、積極的にニヒリズムである。

死ハ
恐ロシクハ
ナイノデアルガ、
苦《くるしみ》ガ
恐ロシイノダ。

『仰臥漫録』より

生きることの苦しみと死ぬことの苦しみ

正岡子規の後半生は結核という当時は不治の病だった病気との戦いでした。写生句[*1]によって近代俳句の確立に大きな貢献をした子規でしたが、病気の進行によって、人生の後半部は、歩くこともできなくなっていました。それでも、俳句を作り続け、文学によって自らのレゾン・デートルを問い続けていきました。結核菌が体を侵し、脊椎カリエスになった子規にとって、毎日の生活は肉体的な苦しみの連続でした。私たちは実際に痛みを味わうことがなくとも「痛いのは嫌だ」と言いますが、子規にとっては痛みに耐えることが日常でした。そんな彼の言葉であるからこそ、ここに掲載した言葉は真に迫って来るものがあるのではないでしょうか。

激痛に耐える毎日。苦しみから逃れたいと思う子規。看病をしている母と妹が、たまたま二人とも、不在にした時、一人きりになった子

正岡子規／1867-1902年（没年34歳）

愛媛県松山市で生まれた明治期を代表する歌人。雑誌『ホトトギス』を中心に文芸運動を展開し、写生句によって俳句の近代化に貢献した。主要文芸作品には『歌よみに与ふる書』、『仰臥漫録』、『病牀六尺』などがある。夏目漱石との深い交友もよく知られている。

*1 自然や物などの創作対象をありのままに客観的に表現する俳句の手法。正岡子規が完成させた

規は、実際に自殺をしようと考えます。病気の苦しさのため、彼はそれまでも何度も自殺を考えていました。実際にそれを実行できる機会はありませんでしたが、今度は違います。しかしながら、彼は病気の痛さだってこれだけ苦しいのなら、死に切れないときの苦しさはもっと苦しいだろうと思い、自殺を思い止まります。これは重い病気を経験した人の正直な思いではないでしょうか。

痛みを超えることはできるか？

前述した通り、正岡子規は結核菌が脊椎にまで入り脊椎カリエスになったのですが、背骨の中の痛みは並の苦痛ではないと言われています。こうした痛みはあまりの苦しさで、その人の人間性も完全に変えてしまう場合が多々あります。

私の父も、元々は温和な人でしたが、ガンを患い、ガンが骨にまで達すると、激痛のあまり看護している母や医師、それに看護師にも暴言を吐き続け、母親は父の看護で20ｋｇも痩せてしまいました。このように**痛みというものは痛みを持ったその人にだけに関係するのではなく、周りの人にも苦しみをもたらす**のです。

不治の病に罹り痛みに苦しんでいる人が、それを乗り越えるということは不可能に近いことでしょう。しかし、例えば正岡子規のように文学という存在理由を通して、生きる意味を問い続けていくことは可能だと思います。子規は『病牀六尺』の冒頭で、自分の今生きている世界は僅か六尺（約１８０ｃｍ）の世界だと書いていますが[*2]、そうした小さな世界で、もがき苦しむ中でも、子規は優れた数多くの俳句を死ぬまで作り続けました。それは直接的に苦しみを乗り越えることや死を乗り越えることとは違いますが、大変意味深い行為です。

苦しみの中から生まれた言葉

病床の中で生み出された子規の俳句をいくつか見ていきましょう。「首あげて折々見るや庭の萩」という句は、病床にあって自由に動けない子規が、それでも庭にある萩の木を見つめようとする様子がよく判る句ではないでしょうか。また、「柿くふも今年ばかりと思ひけり」という句は、彼の代表的な俳句である「柿食へば鐘が鳴るなり法隆寺」との関係性を考えれば、死を間近にした子規の思いがひしひしと伝わってきます。

*2『病牀六尺』改訂版、岩波文庫

このように子規は病に侵され、死に向かって一歩ずつ近づいて行く中でも、創作活動を諦めずに、日々の情景と心情を書き続けました。病状が悪化して以降、現実に彼が動ける空間はとても狭い範囲でしたが、彼が作り出したイメージ空間は雄大なものでした。それだけではなく、苦しみの中にあっても日々の暮らしの中で見つけられる小さくても何か価値あるものを歌い上げていった正岡子規の文学作品は、われわれに生きる希望とは何かということを教えてくれるのです。

死を選択できる権利

病、痛み、死といった問題を考える場合に、子規の時代にはなかった「安楽死」の問題も考えなければならないと思います。ここに掲載した言葉にあるように子規は激痛に耐えるよりも死を選択したいと考えたのですが、**現代においては痛みから逃れるために苦痛を伴わない「安楽死」を選びたいと考える患者は少なくはない**からです。また、２０２２年、フランスの有名な映画監督でヌーヴェル・ヴァーグの旗手であったジャン＝リュック・ゴダールが安楽死を選び、大変話題になりました。こうした点から見て、現代において安楽死は非常に重要な問題であると考えられます。

苦痛よりも死を選択する権利を持つことができるのであれば、それを選択できるようにすべきであるという意見が世界的に広がっています。医学的に苦しみのない死をもたらすことができるのであれば、そうした死を選択できる権利を法的に認めるべきではないかという考え方は、人間の自由という問題とも繋がってきます。ですから、日本でも、今後、安楽死が今よりももっと大きな問題となってくると私は考えています。

まとめ

❖晩年の正岡子規にとって死と向き合うことが日常であり、また、生きていく中で痛みを毎日経験しなければならなかった。そうした中でも、彼は創作によって生と死を見つめ続けた。

❖子規の生きた時代にはなかったが、死ぬ権利としての安楽死の問題も今後の私たちの社会の大きな課題になる。

俺はたくさん年を取る前に
死んじまうと思う。
何故だかわからないけど、
そんな気がするんだ。

不詳

ドラッグは思考のショートカットである

シド・ヴィシャスは、イギリスの伝説的なパンクバンド「セックス・ピストルズ」のベーシストで、その類い稀なカリスマ性と、刹那的な生き様は「パンク」という音楽ジャンルのアイコン的存在となり、現代のサブカルチャーにも多大な影響を与え続けています。

シドの生涯は、１９８６年に『シド・アンド・ナンシー』という伝記映画にも描かれており、後にオスカーを受賞する若き日の名優・ゲイリー・オールドマンがシド・ヴィシャスを演じていました。

セックス・ピストルズのベーシストとして今も語り継がれているシド・ヴィシャスは、元々はセックス・ピストルズの創立メンバーではなく、熱狂的な一ファンでした。初代ベーシストのグレン・マトロックが脱退すると、ピストルズのボーカルだったジョニー・ロットン（シドとは専門学校時代からの友人）の誘いでピストルズに加入。ベーシ

シド・ヴィシャス／1957-1979年（没年21歳）

1957年にイングランドに生まれる。イギリスのパンクバンド「セックス・ピストルズ」のベーシストとして活躍。バンド解散後はソロとなるが、重度の薬物依存から抜け出すことができず、恋人ナンシーの死の一年後に薬物の過剰摂取により死去する。

ストとしての道を歩み始めました。

しかし、ピストルズ解散後は、シドは重度のジャンキー（麻薬中毒者）だったために人生の坂道を転がり落ちるような日々を送ります。ジョニー・ロットンとも仲違いし、ドラッグのせいでライブステージにも立てず、精神的にはどん底に落ちていきます。１９７８年、恋人のナンシーが刺殺されるという事件が起き、薬物で錯乱したシドが殺害したのか、それともシドがオーバードーズで昏睡したのを見たナンシーが自殺したのか定かではありませんが、その翌年、シドもナンシーの後を追うようにオーバードーズで亡くなりました。**ドラッグというのは人生の様々な難問の解決へのショートカットです。**例えば私たち人間は、生きている中で様々な問題に直面します。特に人間はどうあるべきか、どう生きるべきか、生きる意味は何かといった根源的な問題から始まり、今月の家賃が払えない、お金がなくて酒やタバコが買えない、異性に振られたといった現実的な問題に直面すると、いい加減考えるのが面倒臭くなってしまい、結果的に**薬物をやれば「解決したような気分」を味わえるために、安易に薬物の方向に逃避してしまう**人がいるのです。

これが「ドラッグはショートカットである」ということの意味です。シドは、自分がドラッグによってショートカットをし、ドラッグをやっている時だけは「全ての問題が解決している」ように感じていたのではないでしょうか。

まとめ

❖ドラッグは、私たちが直面している問題へのショートカットとなり得る手段である。そのために、ドラッグをやっている時だけは問題が全て解決しているように感じる。

❖ただし、ショートカットはショートカットに過ぎず、問題が本当に解決するわけではない。

未だ
生を知らず、
焉《いずく》んぞ
死を知らん。

『論語』より

何故孔子は死について答えなかったのか？

この言葉は、古代中国を代表する思想家、教育家、政治家であり、儒教の創始者として知られる孔子の言葉を集めた『論語』の「先進篇」に登場する有名な言葉です。

孔子は自身の政治理念の実現のために各地を周遊して、諸侯に遊説し続けましたが、多くの挫折を味わうことになります。それでも、彼は終生自らの使命を果たそうとしました。彼の思想的な遺産は、今もなお古今東西の人々に読まれ、なかでも彼の思想の集大成とも言うべき『論語』は、現代のビジネスパーソンにも愛読されています。

この「未だ生を知らず」で始まる言葉の前後の文脈は、以下のようなものになります。

季路（孔子の愛弟子の子路のこと）が、師である孔子に「鬼神（祖

孔子／紀元前551（552？）-紀元前479年（没年74歳）

紀元前551年頃、春秋戦国時代末期の中国に存在していた魯の国に生まれる。青年期、役人として魯の国王に仕えるが、40代になると多くの弟子を教育・育成することに心血を注ぎ、儒教の開祖となった。『論語』は彼の教えを書いたものである。キリスト、ブッダ、ソクラテスと並ぶ「四聖」の一人と言われている。

先の霊）には、どのように仕えたらよいのですか」と尋ねると、孔子は「人に仕えることもできていないのに、どうして鬼神に仕えられようか」と答えた。季路は思い切って死について質問した。「それでは、死とはいったい何でしょうか？」と。すると、孔子は「生のことすら判らないのに、死のことが判るはずがない」と答えた。

掲載した言葉の解釈は「生についてすら判らないのに、死についてなど判るはずがない」という立場に立って、死については語れないというスタンスを孔子が取っているというのが定説ですが、日本近世思想の専門家の子安宣邦氏は朱子の『論語集注』の記述を儒教に関する市民講座で考察し、「あの世とこの世あるいは生の始めと死の終りは、元々別々のものではない。それゆえ、この世を知ればあの世も知り得るし、生の始まりを知れば、死の終りも知り得る。孔子はただ季路に学びの順序を教えたのであって、死と死後への知を無用だと言ったわけではない」といった主旨の考えを述べられていました。

いずれの説を取るにしても、孔子が死という問題を軽視していなかったのは確かです。

死に対するブッダと孔子の考え方の違い

実は、仏教の開祖であるブッダも死については「無記」、つまり「回答しない」と語っていることから*1、二人のスタンスには共通点があります。ただし、ブッダが死については無記であると述べたことについては諸説があり、主に以下の三つの理由があると考えられています。

一番目は、「知らないから言わなかった」のだろうという考え方。つまりは、不可知論になります。二番目は、実存主義的な考えであり、「死について知ったところで、お前の人生にどんな関係があるのか」という意味で答えなかったという説。三番目は、そもそも「死とは何か」という問いに対して答えるという、通常の「問い」と「答え」で成立する図式を使って、死とは何かについて答えることを拒否したかったのではないかという説です。

こうしたブッダの考え方と比べると、孔子の考え方はかなりプラグマティック*2だと思います。彼は**死についても、生についても、具体的に実践の中で考えるべき**だと言っているのです。ある人が生きていて、その生き方そのものがどんな意味を持っているのか。

*1『原始仏典〈第五巻〉中部経典2』中村元（監修）、秋春社
*2 実用的な、実践的な（pragmatic）

あるいは、持っていないのか。生や死について具体的にどんな状況の中でのどういう死を問題にしているのか。孔子は、恐らくそういったことこそを考えるべきだと主張したかったのではないでしょうか。

死を抽象化せず考えるとは？

死を抽象化せずにプラグマティックに考えるとはどういうことかというと、例えば新大久保の駅で電車が入ってきた時に、ホームから人が落ちてしまったとします。そこへ、親切な韓国人の青年と日本人カメラマンが線路内に飛び込んで、その人を助けようとしましたが、残念ながら三人は亡くなってしまいました。この韓国人青年と日本人カメラマンの死をわれわれはどうとらえればいいのか……。

こういった問いかけこそが、死を具体的な実践の中でプラグマティックに考えるということではないでしょうか。

多くの哲学者や宗教家たちは、生や死といったものに対して、しばしば、抽象的な枠組みの中で捉えて語ってしまいます。そうすると、生や死の問題が非常に判り辛いものになってしまいます。ですが、孔子はこういった具体的な文脈の中でこそ、「個別の死」について、それはどういったものなのかを実際的に考えるべきであると考えたのではないでしょうか。

日本には、仏教的な伝統と神道的な伝統に加え、孔子の思想である儒教的な伝統も存在しています。生死を抽象的にではなく、具体的に実践的に考えるという姿勢を、孔子の言葉からも学びたいものです。

まとめ

- 孔子とブッダも共に、死に対する問いには答えを提示してはいないが、どちらも生と死の問題を真摯に考えていた。
- 孔子はプラグマティックな考え方から、死に対して抽象化した形では、それが何であるかという答えを出さずに、死を個別、具体的な文脈の中で捉えるべきだと主張した。

●言葉の出典

第1章

『ツァラトゥストラはこう言った』ニーチェ、氷上英廣訳、岩波文庫

『ライムライト』（映画・1952年）監督チャールズ・チャップリン、ユナイテッド・アーティスツ

『荒野のおおかみ』ヘルマン・ヘッセ、高橋健二訳、新潮文庫

『カラマーゾフの兄弟（中）』ドストエフスキー、原卓也訳、新潮文庫

『嘔吐』サルトル、白井浩司訳、「世界の文学49」、中央公論社

第2章

『コーラン（下）』井筒俊彦訳、岩波文庫

『あしたのジョー』ちばてつや・梶原一騎（高森朝雄）、講談社漫画文庫、12巻

『存在と時間（下）』ハイデガー、細谷貞雄訳、ちくま学芸文庫

『俘虜記』大岡昇平、新潮文庫

『葉隠（上）』山本常朝、和辻哲郎・古川哲史校訂、岩波文庫

『セネカ道徳書簡集（全）―倫理の手紙―』セネカ、茂手木元蔵訳、東海大学出版部

『福音書（新約聖書）』塚本虎二訳、岩波文庫

『ソクラテスの弁明・クリトン』プラトン、久保勉訳、岩波文庫

第3章

『月山』森敦、文春文庫

『牧歌・農耕詩［新装版］』ヴェルギリウス、河津千代訳、未来社

『侏儒の言葉』芥川龍之介、岩波文庫

『ゴッホの手紙〈中〉テオドル宛』硲伊之助訳、岩波文庫

『内的体験　無神学大全』ジョルジュ・バタイユ、出口裕弘訳、平凡社ライブラリー

『マザー・テレサ 日々のことば』ジャヤ・チャリハ&エドワード・ジョリー編、いなますみかこ翻訳、女子パウロ会

『神聖喜劇（第1巻）』大西巨人、光文社文庫

第4章

『責任と判断』ハンナ・アレント、中山元訳、ちくま学芸文庫

『反哲学的断章』ルードヴィヒ・ヴィトゲンシュタイン、丘沢静也訳、青土社

「墓場まで何マイル？」寺山修司、「週刊読売」１９８３年5月22日号掲載の遺稿

『ジュリアス・シーザー』シェークスピア、中野好夫訳、岩波文庫

『死に至る病』セーレン・キェルケゴール、斉藤信治訳、岩波文庫

『プルーストとシーニュ：機械文明としての『失われた時を求めて』』ジル・ドゥルーズ、宇波彰訳、法政大学出版局

『不良少年とキリスト』坂口安吾、新潮文庫
『仰臥漫録』正岡子規、岩波文庫
『論語』孔子、金谷治訳注、岩波文庫

●参考文献

『ソロモンの指輪』コンラート・ロレンツ、日高俊雄他訳、ハヤカワ文庫
『プロスタンティズムと資本主義の倫理』マックス・ウェーバー、大塚久雄訳、岩波文庫
『創世記（旧約聖書）』関根正雄訳、岩波文庫
『この部屋から東京タワーは永遠に見えない』麻布競馬場、集英社
『歴史的現実』田辺元、黒田寛一編集、こぶし文庫
『世界最終戦論』石原莞爾、Ｋｉｎｄｌｅアーカイブ
『懺悔道としての哲学―田辺元哲学選Ⅱ』田辺元、岩波文庫
『１％の努力』ひろゆき、ダイヤモンド社
『留魂録』吉田松陰、古川薫全訳注、講談社学術文庫
『エセー』モンテーニュ、原二郎訳、岩波文庫
『可能世界の心理』ジェローム・ブルーナー、田中一彦訳、みすず書房

『暗い時代の人々』ハンナ・アレント、阿部斉訳、ちくま学芸文庫
『ドストエフスキーの詩学』ミハイル・バフチン、望月哲男、鈴木淳一訳、ちくま学芸文庫
『変身』フランツ・カフカ、高橋義孝訳、岩波文庫
『夜の果ての旅』上下巻、セリーヌ、生田耕作訳、中公文庫
『異邦人』カミュ、窪田啓作訳、新潮文庫
『存在と無』サルトル、松波信三郎訳、ちくま学術文庫
『コーラン（中）』井筒俊彦訳、岩波文庫
『シーニュ』モーリス・メルロ＝ポンティ、竹内芳郎訳、みすず書房
『語るボルヘス―書物・不死性・時間ほか』ホルヘ・ルイス・ボルヘス、木村榮一訳、岩波文庫
『戦略爆撃の思想―ゲルニカ-重慶-広島への軌跡』前田哲男、朝日新聞社
『葉隠入門』（改訂版）三島由紀夫、新潮文庫
『神・死・時間』エマニュエル・レヴィナス、合田正人訳、法政大学出版局
『死とはなにか』ヴラジミール・ジャンケレヴィッチ、原章二訳、青弓社
『一粒の麦もし死なずば』ジッド、堀口大學訳、新潮文庫
『塩狩峠』三浦綾子、新潮文庫
Les Fleurs du Mal, Charles Baudelaire, Gallimard（collection folio classique）
『騎士団長殺し：第1部　顕れるイデア編』村上春樹、新潮社

『神曲』ダンテ、山川丙三郎訳、岩波文庫

『自殺について』ショーペンハウエル、斉藤信治訳、岩波文庫

『ユダヤ人問題によせて／ヘーゲル法哲学批判序説』カール・マルクス、城塚登訳、岩波文庫

Jadis et naguère : poésies… (Éd. 1884), Paul Verlaine, Hachette BNF

『ヴァン・ゴッホ』アントナン・アルトー、粟津則雄訳、ちくま学芸文庫

『無為の共同体――哲学を問い直す分有の思想』ジャン＝リュック・ナンシー、西谷修訳、以文社

『神の国（聖アウグスティヌス）』アウグスティヌス、服部英次郎・藤本雄三訳、岩波文庫

『狂雲集』一休宗純、柳田聖山訳、中公クラシックス

『カミュ全集〈6〉反抗的人間』カミュ、佐藤朔他訳、新潮社

『ペスト』カミュ、宮崎嶺雄訳、新潮文庫

『エルサレムのアイヒマン――悪の陳腐さについての報告』ハンナ・アーレント、大久保和郎訳、みすず書房

『全体主義の起原――反ユダヤ主義』ハンナ・アーレント、大久保和郎訳、みすず書房

『非-知』ジョルジュ・バタイユ、西谷修訳、平凡社

『神・死・時間』エマニュエル・レヴィナス、合田正人訳、法政大学出版局

『精神現象学』ヘーゲル、熊野純彦訳、ちくま学芸文庫

『マルクス主義と言語哲学―言語学における社会学的方法』ミハイル・バフチン、桑野隆訳、未来社

『資本論』マルクス、向坂逸郎訳、岩波文庫
『あれかこれか』（『キルケゴール著作集』〈1-4〉）キルケゴール、浅井真男他訳、白水社
『生けるキルケゴール』サルトル、ハイデッガー他、松浪信三郎他訳、人文選書
『ポストモダンの条件：知・社会・言語ゲーム』ジャン＝フランソワ・リオタール、小林康夫訳、水声社
『堕落論』坂口安吾、新潮文庫
『労働者』エルンスト・ユンガー、川合全弘訳、月曜社
『病牀六尺』正岡子規、岩波文庫
『原始仏典〈第五巻〉中部経典2』中村元（監修）、秋春社

●スタッフ
編集協力／佐藤裕二（株式会社ファミリーマガジン）、水野春彦、矢来甫
本文デザイン・DTP／山下真理子（株式会社ファミリーマガジン）

佐藤 優（さとう・まさる）

1960年、東京都生まれ。作家、元外務省主任分析官。
1985年に同志社大学大学院神学研究科修了後、外務省に入省。在英国日本国大使館、在ロシア連邦日本国大使館に勤務。その後、本省国際情報局分析第一課で、主任分析官として対ロシア外交の最前線で活躍。2002年、背任と偽計業務妨害容疑で逮捕、起訴され、2009年6月に執行猶予付き有罪確定。2013年6月、執行猶予期間を満了し、刑の言い渡しが効力を失った。『国家の罠 外務省のラスプーチンと呼ばれて』（新潮社）で第59回毎日出版文化賞特別賞受賞。『自壊する帝国』（新潮社）で新潮ドキュメント賞、大宅壮一ノンフィクション賞受賞。『読書の技法』（東洋経済新報社 ）、『勉強法 教養講座「情報分析とは何か」』（KADOKAWA）、『危機の正体　コロナ時代を生き抜く技法 』（朝日新聞出版）など、多数の著書がある。

死の言葉

2024年5月25日　初版発行

著　者　佐　藤　　優
発行者　富　永　靖　弘
印刷所　誠宏印刷株式会社

発行所　東京都台東区 台東2丁目24　株式会社 新星出版社
〒110－0016　☎03（3831）0743

Printed in Japan

ISBN978-4-405-10820-2